沈华嵩 ○ 著

Economics After The 2008 Global Financial Crisis

危机后的经济学

（第二版）
DIERBAN

西南财经大学出版社
Southwestern University of Finance & Economics Press

图书在版编目(CIP)数据

危机后的经济学/沈华嵩著 . —2 版. —成都:西南财经大学出版社,
2014. 11
ISBN 978 – 7 – 5504 – 1645 – 1

Ⅰ.①危… Ⅱ.①沈… Ⅲ.①经济学—研究 Ⅳ.①F0

中国版本图书馆 CIP 数据核字(2014)第 254596 号

危机后的经济学(第二版)

沈华嵩 著

责任编辑:张明星
助理编辑:涂洪波
封面设计:何东琳设计工作室
责任印制:封俊川

出版发行	西南财经大学出版社(四川省成都市光华村街55号)
网 址	http://www.bookcj.com
电子邮件	bookcj@foxmail.com
邮政编码	610074
电 话	028 – 87353785 87352368
照 排	四川胜翔数码印务设计有限公司
印 刷	郫县犀浦印刷厂
成品尺寸	170mm × 240mm
印 张	11.5
字 数	185 千字
版 次	2014 年 11 月第 2 版
印 次	2014 年 11 月第 1 次印刷
书 号	ISBN 978 – 7 – 5504 – 1645 – 1
定 价	35.00 元

第二版前言

又是一个多事之秋。

2014 年 9 月美国零售额和生产者价格指数双双回落，德国消费者物价指数也在低位徘徊，经济增长放缓和通货紧缩风险再现。美国的经济数据加剧了投资者对世界经济状况的担忧，市场似乎正在对全球经济释放悲观信号。10 月 15 日世界各地的金融市场陷入动荡，道琼斯工业平均指数一度下跌 450 点，欧洲斯托克 600 指数急挫 3.2%，日经 225 指数下降 2.2%，MSCI 亚太指数也下跌 1%，直逼 6 个月最低位。

事实上对于化解全球金融危机所必须的债务削减和通货膨胀水平都没有达到。迄今为止，美国债务的降幅还不到 20 个百分点，而保证金负债却在 2014 年 3 月又重返网络泡沫时期的顶峰。美国经济在相对强劲增长后，现在世界经济增长明显放缓，市场普遍认为政府和中央银行并不能控制已经释放出来的全球通货紧缩的压力，经济增长和通货膨胀都将处于发达国家人们希望保持的水平之下。

今年秋天世界各地金融市场的暴跌风潮再次表明，我们还根本没有真正从上一次危机中解脱出来，一场新的金融危机的威胁又接踵而至，这种"过山车"式的频繁暴跌过程正成为国际金融的新常态。对于这种新常态，传统经济学理论不可能做出合理的分析和解释，其经济政策也软弱无能。而经济学的现代动力学模型则证明，在广义货币数量急剧扩张的时代，这种新常态是不可避免的。

2012 年本书出版后，在中国经济学界创新理论仍然被视为异端邪说艰难前行。令人欣慰的是，在天则经济研究所盛洪先生和中天经济研究中心陶永谊先生和何全胜先生的大力推动下，中国经济学跨学科理论创新研讨会于2014年5月6日在北京召开。主流经济学终于必须直面异端经济学流派，直面经济学的转型和范式转换之类的严峻话题，这无疑会极大地推进经济科学的革命。研讨会上陈平的《从封闭系统的优化范式到开放竞争的复杂演化统一范式》、陶永谊的《互利：经济的逻辑》、孙涤的《超越经济理性的人际合作》、张维迎的《经济学的转型》、林毅夫的《新结构经济学》、叶航的《超越新古典》和《神经元经济学》以及甘德安的《基于复杂科学的家族企业跨学科研究》等给我留下深刻的印象。中国经济学的跨学科创新理论风云际会，方兴未艾。

秋天牧场的隔岸花已经凋谢得无影无踪，亦如它悄悄地开放一样，整个春季和夏季它的块茎都在地下积蓄着生机和能量，只是在初秋的骄阳下，它突然孤零零地从泥土里伸出一支茁壮的花茎，几天后就亭亭玉立优雅地绽放绚丽的花朵。我常常流连花间，我想经济学的创新理论也会是这样厚积薄发。

本书的再版只做了一些小的修订，另外我补充了一个一般商品价格演化的逻辑斯蒂方程，以保持价格概率描述的完整性。

沈华嵩

2014 年 10 月 20 日

前言

因为那场史无前例的"无产阶级文化大革命"和政治迫害，直到1979年我才开始系统的研究工作，1994年又从中国社会科学院走进中国改革开放后的第一次"下海"大潮。期间，我最重要的研究课题就是对新古典主义微观经济学的怀疑和批判，并力图把远离平衡态的自组织理论引进经济学方法论，强调经济演化中信息和复杂性的重要作用。这些努力的结果就是我的专著《经济系统的自组织理论》（中国社会科学出版社1991年出版）。

1993年《经济系统的自组织理论》一书获中国社会科学院首届（1977—1991年）优秀科研成果奖。2006年《经济系统的自组织理论》作为"中国社会科学院文库"的首批图书重印出版，后来我承诺出版社写一本关于经济演化自组织理论的通俗著作。当我写完了前面的几个章节，公司也准备再次去纽约路演。但令人意外的是，2008年9月15日，继美国政府接管房地美和房利美公司一周后雷曼兄弟破产倒闭，银行业的危机很快演变成典型的恐慌，急转直下的形势引发了震撼全球的金融危机，并走向大萧条以来最严重的经济衰退，中国政府也提出了四万亿元的经济刺激方案。

同时，危机又引起了关于国际资本主义历史命运和"市场原教旨主义"的论争。这场意识形态的危机还远没有尘埃落定，但有一点是确定无疑的，那就是新古典主义微观经济学的终结。经济学的现状不能再维持下去了，否则对人类和经济学都是一个灾难。

耐人寻味的是，2000年7月就曾爆发过声势浩大的巴黎大学生"反对无节制的形式化经济学课程"的国际运动，到 2011 年秋天这种请愿浪潮则在美国演变成"占领华尔街"的全民运动。据美国《每日邮报》报道，11 月 7 日，约 70 名哈佛大学学生宣布退出格雷格·曼昆（Greg Mankiw）教授的经济学课程。他们在致曼昆的公开信中写道："如果哈佛不能使学生们具备关于经济学之更广博与更具批判性的思考，他们的行为将会危及全球金融体系。近五年来的经济动乱已经充分证明了这一点。"

于是我改变了初衷，我们不能仅仅停留在方法论的讨论上，危机后的经济学必须对世界金融危机以及资本主义经济普遍的不稳定性做一个本原性的解释，并在此基础上考虑重新建立可能取代新古典主义微观经济学的科学范式。不论成败都必须去尝试。当然，这个野心勃勃的计划对一个年近古稀的老人来说，显然力不从心。不过，如果本书能引起读者对新古典主义微观经济学的终结、对经济学革命更多的关注，那么，我的目的就已经达到。

这里，我要诚挚地感谢我的弟弟沈华源先生给我最大的支持和帮助，从而得以顺利完成本书的写作。在白云渡牧场，清晨林间草地上开满不知名的野花，还有那月光下无边的睡莲，或者在半亩池塘听残荷萧瑟的秋声……总是让人心旷神怡，这时你可以乘着思辨的翅膀自由地飞翔。家人和泰来集团公司的同仁都给予我许多鼓励和支持，我诚挚地感谢他（她）们。我还要感谢杜豫女士，她为我订正英文和数学公式并打印了全部书稿。

沈华嵩

2011 年 12 月 1 日

C目录
Contents

导论

　　新古典主义经济学借鉴经典力学还原论和机械论的科学范式，构造了理性经济人作为经济分析的基本单元，从而把个体人的特征简化为机械论属性，以保证经济学的规范性和精确性，并建立了现代经济学范式——新古典主义微观经济学及其分析工具。现在，我们力图以非线性动力学的科学规范为参照系，重建一种可以取代新古典主义的经济学范式，并给金融资本主义普遍的不稳定性一个本原性的诠释。那么，问题首先就是这种方法是否行得通？也就是说，它会不会遇到哲学基础或者认识论上的原则限制？或者说这种方法是否具备恰当的本体论（ontology）基础？

一　笛卡儿的二元本体论

　　认为世界是统一的，从而去认识一切实在的最终本性，这种本体论思辨可以追溯到中国先秦哲学思想中"天人合一"的观念。古希腊哲学家亚里士多德则在《物理学》中把这种统一性归结为"一个本性不运动的和永恒的推动者"。柏拉图则把世界的统一性由"第一推动者"形而上地演进到与某种完美概念相联系的"基本属性"。

　　但是，勒内·笛卡儿的二元论却使人类追求世界统一性的愿望碰到了原则性的限制。他把世界一分为二，即"广延之物"（res extensa）和"广延实体"（tes cogitan）。前者是由确定性规律描述的物质，后者是与人类思想相联系的不确定的精神世界，二者之间存在着"根本性的区别"。而康德则加深了这个二元论的鸿沟，他把客体与思维的同一性归于"主体的能动性"，并用先验的哲学体系取代本体论。他认为本体即对"自在之物"的认识必然使我们陷入难以自解的矛盾，即"二律背反"。西方世界广泛接受了笛卡儿的二元论，这并没有妨碍物理学和生物学在各自的领域追寻世界统一性的本体论思辨。

牛顿力学把世界本体归结为"真空中运动的质点",并建立了经典力学的科学范式。由于它在天体物理学中取得惊人的成功,"牛顿体系"成了十八九世纪欧洲人心中无可争议的真理以及所有实证科学的"学科型范"(disciplinary matrix)。遵循这个范式建立的热力学和统计力学同样取得了接二连三的成功,到处都是胜利的进军。这个本体论的代表性表述就是拉普拉斯的"神圣计算者"。至于新古典主义经济学对这个范式的模拟则困难得多,它的"经济人"遇到了笛卡儿的二元论的麻烦。后来,由于量子力学引起的科学革命,物理学的经典范式被追求电磁力、弱相互作用力、强相互作用力和引力的统一性取代,这就是爱因斯坦的"统一场论"。物理学家们力图用场方程不带奇点的解来透彻地描述整个物理实在——从基本粒子到宇宙。

无独有偶,在经典物理学范式高歌猛进的同时,达尔文却在《物种起源》中探索生物(包括人自身在内)的多样性和同一性。达尔文学说建立的科学范式与牛顿范式迥然不同,这是一种强调多样性、联系、变异和选择的演化本体论。受达尔文主义和"演化论综合"范式的启发,20 世纪80 年代以来,现代演化经济学有了蓬勃发展。

但是,由于牛顿范式和达尔文范式分庭抗礼,在笛卡儿划分的两个世界之间的鸿沟变得不可逾越了。宇宙按照经典物理学的图景庄严地运行着,过去和未来是等同的,在那里没有人的一席之地。而在演化的范式里我们却看到不确定性、选择、突变以及秩序和结构的产生。人类成了宇宙中的异类,智慧和文化使我们与自然疏离了,宇宙是如此冷漠,人类要越过这一鸿沟,只有忘却尘世的记忆,我们必须乞灵于那个抗拒热力学第二定律的"麦克斯韦小妖"。

二 寻求统一性

20 世纪60 年代 I. 普利高津和布鲁塞尔学派提出耗散结构(dissipative structures)理论,70 年代赫尔曼·哈肯又提出了协同学(Synergetics)概念。他们对远离平衡态的自组织过程的研究改变了笛卡儿的二元论对科学人为的分割。在这个新的构建过程中,物理定律不再只是描述必然性和确定性,而是被用来表述可能性、选择以及结构和信息的产生。由此,笛卡儿的二元论划分的鸿沟也不复存在，物理学打开了一条非笛卡儿的思辨之路。I. 普利高津在《价值观的重新发现和经济学的开放》中特别指出：

> "一直以来，我所起的作用是强调价值观的存在以及经济价
> 值的存在是与我们现在所描述的物理世界相符的。"[①]

物理学的这些革命性进展，的确为我们以非线性动力学为参照系建立经济学新范式的方法论扫除了障碍。由此，经济学可以"站在巨人的肩上"。这样，人类和它的社会终于可以在整个宇宙演化连续链条上找到自己的正确位置，我们终于可以摆脱形而上的先验体系，重新把自己嵌入宇宙生命史的一个环节。

不过，对经济学范式而言，困难比想象的大得多，首先就是"经济人"概念的重建。

三　关于重建"理性经济人"

似乎没有顾忌笛卡儿的二元论的限制，新古典主义经济学直接借鉴牛顿范式去建立经济学的概念体系。"勇往直前吧，信仰会跟随你们"，达兰贝尔信条鼓舞着经济学家去构建微观经济学的分析基础——"经济人"。

遵循"真空中运动的质点"这一经典物理学图景，新古典主义经济学家们也必须把经济学的研究对象还原为"理性经济人"，即具有完全独立的信息和知识，去实现效用和利润最大化的经济人，从而保证研究客体的同质性、独立性和内部结构不变性。这个把情感、自我意识和价值观多元人性简化为机械论属性的步骤，对经济学分析工具形式化、规范化必不可少。由此，新古典主义微观经济学的严密性已经达到，经济学运用数学工具已不存在原则性障碍。对于这个假设同经验事实背离的指责，主流经济学家们似乎也很容易用工具主义（instrumental）立场来辩解，只要理论能产生足够好的预测，假设的经验内涵是无关紧要的。

在我看来，理性经济人对人性的简洁化和结构化无可厚非，它是达到逻辑的统一性和简单性的必要步骤。当然也可能还有其他更好的简化途

---

① 库尔特·多普弗. 经济学的演化基础 [M]. 锁凌燕，译. 北京：北京大学出版社，2011：61.

径。对新古典主义微观经济学而言，致命的错误在于经典物理学范式的时间反演对称性以及单一的因果决定论。或者如丹尼尔·卡尼曼说的"理性是全面的不变性"。正因为这个不断回到平衡的守恒系统范式以及稳定平滑的分析工具，因此新古典主义经济学同多样性、不确定性、选择和突变等概念格格不入。它对 20 世纪 30 年代的大萧条、70 年代的滞胀以及 2008 年的全球金融危机当然不可能有充分的解释和预测能力。主流经济学面临深刻危机是不可避免的。

演化经济学作为一个新兴的经济学流派，则从达尔文演化本体论出发，考虑重建"理性经济人"概念体系。他们同样把理性经济人作为演化微观经济学的基本研究单位，而把批判的锋芒指向新古典主义理性经济人假设同现实的背离。他们的目标是恢复简单经济人的复杂人性，重新赋予经济人自我感知、使用符号和语言的能力，价值观和文化演进的创造力，他们特别强调大脑皮质组织的作用。库尔特·多普弗（Kurt Dopfer）认为：

"如果一个理性人模型能够为经济分析提供可能的解释，那么它就必须包括神经系统科学、认知科学及行为科学的内容。"①

在他看来，新古典主义"理性经济人"的根本缺陷在于，他们没有认识到大脑皮质的相互连接给所有人类表达形式施加的内部约束，无意识的认知往往会在有意识的认知行为之前闪现，这就对新古典主义微观经济学认为理性和目的性决定个人行为的立场提出了挑战。

这样，演化经济学理性经济人概念就必须整合更多的人性要素，更全面、真实地还原经济人实在的人性。从这一经济学研究的基本单元出发，沿着更加"拟人化"的路线，当然同样可以建立一个遵循达尔文演化本体论的概念体系，并构建经济分析的工具。但是，我怀疑这个理论架构很难达到实证科学的严密性和规范性，这个更加真实的"理性经济人"将使经济学运用数学工具成为不可能。因此，我们不认为这是"理性经济人"成功的重建。

在我的研究路线中，经济学新范式的前提不是重建"理性经济人"概念，也不是对传统经济学的研究客体——经济人进行更精细的解剖和描

---

① 库尔特·多普弗. 经济学的演化基础［M］. 锁凌燕，译. 北京：北京大学出版社，2011：21.

述，或者对人的决策行为做更精确的分析——它是神经生理学、认知科学、心理学、行为科学以及文化人类学的研究对象。经济科学的研究范畴仅仅是经济活动（生产、分配、交换、消费）中人与人之间的关联和相互作用，马克思主义经济学称之为生产关系的总和，它在本质上是宏观的。因此，我们把交换作为经济学分析的逻辑起点，对于市场经济而言，这是唯一的选择。

四　价格决定的二元抉择

我们将在人与人之间自由和自主的交换行为的基础上建立市场微观结构。詹姆斯·布坎南早在《后社会主义经济学》（1991 年）中就曾指出："经济学将会吸收后普利高津时代自发秩序和自组织系统理论发展所产生的影响，这些发展更容易被纳入交换（catallactic）而非最大化的观点。"但是，交易人之间的信息必须借助相对价格（交换比例）来传递。价格的形成包含价格决定和市场对价格接受的过程，每一次交易都会对价格形成做出贡献，同时又会从价格信号得到怎样以相互联系和合作的方式来行动的宏观信息，从而形成市场的价格体系。米尔顿·弗里德曼对这个问题的表述就是：

> "价格发挥着路标的作用，把资源引向最需要它们的地方。此外，价格还为人们循着这些路标前进提供动力。利用要素价格分配产品使其他价格能够发挥确定标准和组织生产的功能，这种联系是至关重要的。"①

因此，价格体系是解决此问题的一种非常精细复杂的手段，它一方面协调全球亿万人的活动；另一方面又对不断变化的情况做出及时的调整。

现在我们需要进一步研究价格体系的微观基础。在本书的第一章讨论了市场的微观结构，即简单的商品交换（物物交换）。关键是市场交换网络中每一次交换过程都是交易人在一系列约束下自主地选择和试错的随机过程，他们对价格的反应只有成交或不成交两种选择。至于交易人是否"理性"，他们之间的关系是互利、竞争或者博弈都无关紧要。他们之间在

---

① 米尔顿·弗里德曼. 价格理论 [M]. 蔡继明，苏俊霞，译. 北京：华夏出版社，2011：10.

情感、心理、文化或是价值观上的差异，甚至他们是作为个体抑或社会组织实体（企业、家庭），都不会对这种决策方式有任何实质性的影响。这一点至关重要，正是价格的二元选择决策过程使我们可以无须构建"理性经济人"，也不需要任何特别的假定，而得到经济分析微观基础的全同体系，由此达到经济学的严密性，并使形式化成为可能。同时，这个二元结构还是价值观、结构和信息创生之源。

二元抉择体系在物理、化学和生物世界广泛存在。例如，物理学中的二分之一自旋体系。特别在远离平衡态的物理化学系统的临界点，系统会在两种可能的状态（如贝纳德实验中左旋或者右旋水花）之间"犹豫不决"，它们必须做出重要抉择，进行一些徒劳尝试，只是一次偶然的涨落或者扰动才使系统确定性地二中择一，从而把不可逆的时间"记录在案"。在生物演化过程中变异和选择也会出现相似的"决策"过程，种系发生树形图用连接许多二分支结构的图形来描述这个连续的二元选择过程。

由此，我们发现的世界的统一性将不是物质形态或者相互作用力，而是这个二元选择的决策方式的统一。这个二元选择的决策过程构成价格演化动态统计描述的微观基础。于是，我们在通向非笛卡儿本体论思辨的道路上取得了成功。同时，这个市场的微观结构将自组织地产生货币的起源，导出市场在远离平衡态约束下价格随时间演化的动态模式。

五　实物交换体系与逻辑悖论

在这个实物交换体系中，一个商品必然用其他商品系列作为等价物来相互表现它们的"相对价值"（马克思定义为扩大的价值形式）。但是，我发现这个形式不可避免地导致罗素—怀特海悖论，即包含自相关陈述的自我定义，也许这相当于商品交换价值形式的哥德尔"不完全性定理"。如果扩大价值形式是完全的，那么它就必然是矛盾（自我定义）的。

克服价值形式的逻辑悖论的必然性导致货币的起源，从而导致商品与货币的对立。这一方面形成物物交换对称性在时间和空间上的破缺，另一方面形成金融脆弱性的货币本原和经济危机的简单可能性。

瓦尔拉斯均衡描述的也正是这个实物交换体系，但是由于对货币和商品的混同，必然使瓦尔拉斯体系陷入"二分法"和"齐次性"的困境。同时带来主流经济学货币理论微观基础的混乱和无助。瓦尔拉斯体系天生是排斥货币的，也只能是"货币中性"的。我们将在第二章详细地讨论这些问题。

有意思的是，1975 年在布朗大学召开的货币主义研讨会上，弗里德曼提出了那个著名的问题："货币的价格是什么?"以及他同样著名的回答："货币的价格是价格水平的倒数。"这是一个标准的新古典主义式的答案，当然也是一个糟糕的悖论，也就是庞加莱提出的"非断言定义"。倒是研讨会的主席乔治·博茨（George Borts）的回答"要是我说是'一'呢?"更好一些。在第六章我们会进一步研究它。

六 价格体系的"可能性定律"

与新古典主义微观经济学根本对立，我认为价格体系只能用"可能性定律"来描述，它是由价格体系二元选择的随机过程决定的；而不是市场供给曲线和需求曲线决定的唯一交点，这是新古典微观经济学的标志性建树。

可以证明在交易人完全独立的市场体系，仅仅在均衡价格的条件下，成交次数的概率分布服从二项分布，对于大数量级的交易系统可以用正态分布近似地描述。也就是说，仅仅在这个严格的条件下，价格概率分布具有正态性质，"有效市场假说"成立。这是我们在第五章要着重分析的问题。

但是，重要的是在市场远离平衡的约束条件下价格变化的动态描述。我们在第五章非线性价格模型中，沿用 I. 普利高津和 G. 尼科里斯的一个简单例证来讨论这个问题。在非平衡非线性约束下，价格变动的转移概率可以描述为一个平稳独立增量过程，亦是马尔可夫过程。这样我们处理价格演化的动态规律将有更多的自由，因为这个过程考虑了价格分布的非正态性质。在这个基础上，我们用一个逻辑斯蒂映射的理论模型来描述股市价格动态过程的基本特征。同时，模型表明对股市价格的准确预测存在原则性限制。

总之，在这里基本的量是统计分布函数。我们可以用一种新方法对价格动态进行描述，并预测整体的未来演化过程。当然，这仅仅是开始。

七 关于货币主义

现在，大多数经济学家认为正统经济学并没有能发展出一套被普遍接受的、货币在其中起着突出作用的理论。这一方面是由于新古典主义经济学的"货币中性"传统，另一方面则是经济学没有找到货币作用及其传递的恰当模式。

如果仅仅使用弗里德曼那个著名的标签，货币主义的核心一直都是"货币确实重要"，那么，我们都是货币主义者。但是，在回答货币为什么重要，或者对什么而言重要这一问题时，不同的经济学派别之间存在着重大的分歧，甚至根本的对立。

在瓦尔拉斯的实物交换体系中完全没有货币的一席之地，这个均衡经济方程组是一个"真实的"和完整独立的计价商品体系，它决定相对价格，只是最后才敷衍了事地引入货币均衡方程，即由数量论确定的绝对价格水平。由此形成古典货币理论的核心——"货币中性"，即货币数量变化会引起绝对价格水平成比例变化，但是相对价格水平、实际利率、实际收入和产出不变。货币不起任何实质的作用。

即使在唐·帕丁根（D. Patinkin）修正后的古典模型中，虽然他用"实际余额"效应克服了齐次性假设带来的困难，但最终仅仅是产生永久的财富效应，并导致长期稳定和货币中性，货币传递机制仍然是单向线性的。

真正强调货币重要性的是约翰·梅纳德·凯恩斯，他在经济学理论上的最大的贡献是关于非中性的货币理论。用他的话说就是"用一种全新的方法来解决货币理论中的根本性问题"，即把有效需求的波动适当地描述为货币现象。这是《就业、利息与货币通论》的宗旨，政府财政干预不过是它的副产品。凯恩斯在《货币论》中就已确认，货币经济的特点是"随着人们对未来观点的改变，不但能影响就业的方向，还可以影响就业的数量"①。他关注的是，物物交换经济与货币经济的差异以及货币特殊的重要

---

① 约翰·梅纳德·凯恩斯. 货币论［M］. 刘志军，译. 西安：陕西师范大学出版社，2008：4.

特性。分析主要围绕着"流动性偏好",即货币作为一种流动资产的需求动机展开的。这个新的理论框架给货币分析以及利率决定带来和传统解释截然不同的视角;同时,也限制了古典学派直接和间接传导机制的自动调节作用,也意味着货币政策的局限性,从而有产量和就业量大幅波动,并带来资本主义经济的不稳定性。实际上,凯恩斯发展了一种系统的并包含反馈作用的货币传导机制,其中的"流动性陷阱"表现了非线性特征。

至于货币主义的反革命,因为弗里德曼对古典数量论的全面继承和发展,他同凯恩斯革命的冲突就注定不可避免,当然自由市场和政府干预之争也是他们之间的分水岭。在这里,货币的重要性表现在两个方面,一是短期经济活动中对产出和商业周期的实质性影响;二是长期中的通货膨胀。关键是货币主义的"超中性论",即货币变化的短期非中性和长期的通货膨胀均衡,货币数量增长只表现为同比例的平稳的通货膨胀过程。也就是说,货币在长期仍然是中性的。由此得到他著名的结论:"通货膨胀在任何时候、任何地方都是一种货币现象。"

八 货币主义 Ⅱ:"理性预期"

20 世纪 70 年代,世界许多国家持续的高通货膨胀和失业,导致菲利普斯曲线崩溃。货币主义完全无法对严重的滞胀局面做出有说服力的解释,也提不出有效应对通货膨胀的经济政策,如同它和凯恩斯革命的冲突一样,货币主义的衰落也同样不可避免。同时,需求管理理论也因为滞胀的持续而黯然失色。主流经济学关注的重点从弗里德曼的一号货币主义转移到以罗伯特·卢卡斯为代表的二号货币主义——理性预期理论。

"理性预期"之所以被称为二号货币主义,主要不是因为它对货币理论和政策本身有特殊的创新,因为卢卡斯很少关心实践问题和预测能力而是很大程度上取决于货币主义共同的新古典主义基础和自由放任的保守主义倾向,以及对通货膨胀问题的高度关注。卢卡斯通过引入理性预期和持续市场出清的强瓦尔拉斯假设,填补了货币主义模型的缺口。其结果是一个比弗里德曼更强的货币中性命题和政策无效定理。

后来,托马斯·萨金特(Thomas J. Sargent)和尼尔·华莱士(Neil Wallace)得出一个很强的政策结论,即任何系统性政策都是可以充分预期的，并可通过价格反应中和。因此，产出不能被系统性（如凯恩斯的需求管理）方法改变，只有通过意料之外或愚弄大众使他们产生预期误差才能改变。这奠定了主流经济学货币政策分析的新方法，即使用博弈论来解释政府和公众之间的策略互动。

由于理性预期理论成为主流经济学的灿烂新星，新古典主义宏观经济学勃然兴起，最大化原理和理性预期成为宏观经济分析的标准工具。连经济周期的货币主义分析也被"真实周期理论"完全非货币的"技术冲击"解释取而代之。由此，微观经济学和宏观经济学都被新古典主义化了，以至于卢卡斯满怀信心地宣称："宏观经济学的历史使命已经完成！"由于新古典主义的全面复辟，理性预期理论差不多完全颠覆了凯恩斯非中性货币理论的全部成果。

我们始终旗帜鲜明地批判货币中性论，在第三章我根据协同学原理提出了一种和传统经济学迥然不同的货币作用和传导机制。

在远离平衡态的物理—化学系统中，在临界点宏观系统各个组成部分的群体行动是由一个或少数几个有序参数控制的。这个重要的原理使宏观经济系统的简化和结构化成为可能。我们没有必要去追究每个微观个体的行为，只需要描述少数序参量的动态就足够了。也许在集体行为中总是夸大了自主作用，在大多数场合我们自以为是的自主行为，实际上不过是被宏观势函数"役使"（slaving）的结果。

货币数量状态在决定宏观经济变量（产出、就业和价格）的方程中，将作为重要的序参量发挥全局性的关键作用。例如，在股市价格的逻辑斯蒂模型中，经调整的货币数量参数将对资产价格产生决定性的影响，并从根本上决定价格随时间变化的动态模式，把均衡价格和所有"市场异象"作为一个特例包含在通解中。

这样，货币冲击向实体经济的传递就是一个复杂的非线性相互作用过程，变量微小的变化会以指数的速度迅速放大，给宏观经济系统带来根本性的影响，而不可能平衡地、同比例地变化。货币冲击不是中性的，货币数量会以市场系统状态参量的方式，决定宏观经济系统的动态模式。但结果不是长期通货膨胀均衡，而是资本主义经济普遍的不稳定性和金融危机。就这一点而言，毋宁说我们是彻底的货币主义者。

九　宏观经济的非线性分析

　　现在已经大致描述了以非线性动力学为参照系的经济学范式的轮廓，我们力图在这个微观基础上发展一种统一连续的宏观经济分析。例如，关于货币非线性扩张过程和通货膨胀的理论、金融不稳定性分析、经济增长和周期。

　　关键仍然是普利高津一再强调的耗散结构出现的基础条件——非线性演化方程。描述宏观经济系统重要有序参量的方程从本质上说是非线性的，这将导致一些非常重要的结论。

　　由于非线性意味着多重解，在临界点，系统会在各种可能性之间进行"选择"，并带来新结构和信息的创生，由此也带来价值观，成为变革和多样性之源。这样，描述金融—市场经济系统的宏观经济变量可能显示出丰富多彩的性能，从均衡定态到多周期或非周期波动以及混沌解。原来与正统经济理论不能相容的"市场异象"、经济周期和金融资本主义经济普遍的不稳定性都只是一个数学结论。

　　特别是描述宏观经济系统不稳定性的非线性方程会产生"决定性混沌"（deterministic chaos），系统动态过程对状态参数和变量初始值的微小变化高度敏感，轨迹会随时间按指数速度发散。这就是著名的"蝴蝶效应"，由此带来宏观经济系统的高度不稳定性，所以长期经济预测或者说"理性预期"根本是不可能的。因此，危机会表现出突发性和奇异性，人类处在一个充满了质疑和不确定的时期，机遇和危机共存。

　　同时，由于这种不稳定性来自货币的本原和市场微观结构的非线性特征，因此金融危机和现代经济普遍的不稳定性对一切具有发达成熟金融体制的市场经济都是不可避免的，不存在任何具有特殊优越地位的"惯性系"。

　　当然，这仅仅是开始。在很多场合我们还只是给出有关宏观经济变量的简约表达式。例如，在第六章用非线性动力学方程更简洁地描述萨缪尔森乘数—加速数模型，这实际上也表征凯恩斯有效需求波动理论。但是，它比传统模型具有更标准也更强的描述和解释功能。当然我们希望在以后的研究中，能建立起更详尽的复杂函数显式来透彻地描述经济增长和周期。

不过，我们已经超越了经济系统和物理—化学系统简单类比的阶段，已经在这些完全不同的宏观系统之间建立了一种"同构"关系，从而可以用系统的方式处理复杂现象。例如，在关于股市价格的逻辑斯蒂模型中，不仅价格统计描述的微观基础，即使资本市场的过程和机制，在适当地选择变量和参数后也可以同标准型动力学特征相关联。模型要求施加的限制性约束，如价格的正值性和货币数量参数的不可逆扩张过程，都是对经验事实的陈述，时间度标也是恰当的，我们没有做任何特别的假定，以保证不能把经济分析变成数学游戏，从而用一个离散事件的动态过程去描述股市价格动态的基本特征。

我们正走向一个宏伟壮丽的统一，人的进化和人类社会的结构创新是可以和宇宙的热力学过程和谐共处的。人类和社会的存在可以避免第二定律宿命论的结局——热寂，或者说"在温暖中衰亡"，而实现从混沌到有序。

几何学家们通常用简单而容易的推理长链，去得出更难证明的结论来。这促使我设想，能够为人类所认识的全部物质，也是以这种方式相互关联着的。

——笛卡儿

第一章 经济学推理的起点

经济学必须放弃十八九世纪经典科学简单的还原论，市场不应被简化为单一商品或经济人之和。因为这个线性组合构成的理论基础不能同经济周期、"市场异象"以及突发的危机相容。我们将从一个新的逻辑起点，即考虑相互关联、相互作用的交易行为出发，重新建立市场的微观基础。这个结构会自发（自组织）地产生市场、货币和价格机制。因此，这个不可分割的相互作用的系统理念一开始就必须进入经济学理论的核心。

一 经济学的童话

2008 年秋天，震撼全球的金融风暴后，经济学家们都力图对危机的真实根源做出透彻的、令人信服的解释。但是，我们的回答还是要从亚当·斯密的"看不见的手"开始，因为传统的经济学理论已经不能给出一个完备的答案。然而对"看不见的手"最简明的诠释，则是一个关于经济学的童话——《铅笔的故事》。

在美国这曾是一个家喻户晓的故事。它发表在 1958 年 12 月号的 Free-man 杂志上，作者是美国经济教育基金会主席伦纳德·里德先生，这个"故事"很快就成为一篇经典之作。经济学家米尔顿·弗里德曼为它撰写了同样经典的导语。

这是一个引人入胜的故事。一棵生长在加利福尼亚北部的挺拔的雪松被砍伐下来，雪松圆木被送到圣莱安德罗的木材加工厂。你可以想象一下砍伐和运输雪松圆木的各种工具和设备，再想想制造这些工具和设备的形形色色的人以及不可胜数的技能：开采矿石、冶炼钢铁，再加工成锯子、轴承、发动机；要种植麻再加工成绳子；伐木场要帐篷、做饭、消耗各种食物，伐木工人喝的每一杯咖啡也需要成千上万人的劳作。在木材加工厂烘干炉需要热量、照明、电力、传送带、电动机等，这一切需要多少技能！当然包括向太平洋天然气与电力公司的电站大坝浇铸水泥的工人也做了贡献，还有工厂的清洁工……

到了铅笔制造厂，这里制造铅笔芯的石墨是从锡兰（现为斯里兰卡）运来的，石墨要与产自密西西比河床的黏土混合。在精炼过程中，还要用到氢氧化铵，添加增湿剂，等等。处理铅笔芯还需要产自墨西哥的大戟石蜡。

事情还远没有完，再说铅笔上小小的标签和铅笔木杆涂上的六层漆，还有固定橡皮擦的黄铜金属箍和上面的黑镍圈……

显然我们远没穷尽铅笔生产链涉及的成千上万的人，以及他们具有的数不清的技能和知识，每个人都还可以把这个链条延伸下去。我想它的复杂程序恐怕不亚于一个卵细胞发育成胚胎的过程。一旦我们了解了铅笔的身世，我们便会立刻对这支平淡无奇的铅笔肃然起敬：它是如此神奇而又引人入胜。

您想想，因为一些小学一年级的学生盼望得到一支铅笔，成千上万的各种技工和工程师，大蔴、蓖蔴、咖啡和粮食的种植者，公司总裁……以及他们的知识和技能魔幻般地整合起来了。把来自加利福尼亚的雪松、锡兰的石墨、密西西比河床的黏土、墨西哥的石腊、荷兰东印度群岛的菜籽油、橡胶、意大利浮石、黄铜、镍、油漆、炭黑、树脂等，当然还有来自太平洋天然气与电力公司的燃料、电力等制成一支孩子们手中的铅笔！如果作为一个孤立的工艺过程，这的确是不可思议的。

但是，铅笔用它奇迹般的诞生过程证明，通过市场和交易，这一切却轻而易举地做到了。没有一个主宰者来发号施令，指手画脚，这成千上万的参与者都明白"用自己那微不足道的实际知识来换取自己需要或短缺的物品和服务"，从而使那些自由的男男女女通过自主的交换，把人的种种创造精神和成千上万的知识、技能自然地整合起来了，并对人的需求和欲望做出反应，不需要也不可能有任何主宰者来指挥这些自由人的行为。这恰恰是对亚当·斯密"看不见的手"的最好的诠释，即群体合作的可能性。这一切是如此神奇、协调又天衣无缝，但"就像太阳、雨雪、雪松树等一切美好的事物一样实在而可信"。

19 世纪 70 年代"边际革命"后，新古典主义经济学发展了一整套分析工具来解释这个群体合作问题，经济学的基本图景被描述为理性经济人具有完全的信息和知识去实现效用和利润的最大化，并使市场供给等于需求。同时，在系统受到来自外部的随机冲击后，市场会自动回归均衡。后来，保罗·萨缪尔森在《经济学》里把这个群体合作问题恰当地陈述为：

> "竞争制度是一架精巧的机构，通过一系列的价格和市场，发生无意识的协调作用。它也是一具传达信息的机器，把千百万不同个人的知识和行动汇合在一起。虽然不具有统一的智力，它却解决着一种可以想象到的牵涉到数以千计未知数和关系的最复杂的问题。没有人去设计它，它自然而然地演化出来，像人类的本性一样，它总在变动。但是，它经受了任何社会组织最基本的考验——它可以生存。"①

---

① 萨缪尔森. 经济学 [M]. 萧琛，等，译. 北京：商务印书馆，1980：61.

但是，20 世纪 30 年代的大萧条和 70 年代的停滞膨胀都使这个概念体系面临颠覆性的危机。2008 年秋，全球性的金融风暴更确切无疑地表明主流经济学存在致命的根本性缺陷。不过，我们的讨论还要先回到经济学的逻辑起点。

二　亚当·斯密猜想

正如米尔顿·弗里德曼在导语中说的那样，《铅笔的故事》"简明扼要，令人信服地、有力地阐明了亚当·斯密'看不见的手'——在没有强制情况下合作的可能性——的含义"。

在 18 世纪，大多数有教养的人认为，只有统治者的精心策划才能使一个社会免于混乱和贫困。亚当·斯密则反对这一流行的见解，他在 1776 年出版了他的著作《国民财富的性质和原因的研究》（即《国富论》）。斯密天才地提出了令人困惑的"群体合作"问题，这种经济秩序是如何在人们各自追求自身利益时自发地产生的呢？这成了经济学永恒的主题，并激励经济学家们发挥聪明才智，力图回答这个问题，由此也确立了他作为"经济学之父"的地位。

不过，这个有些深奥和神秘的"斯密信条"，却可以用哪个孩子们都能听懂的《铅笔的故事》来通俗地诠释。我们再来回顾一下那支铅笔神奇的诞生过程。那些成千上万素不相识的工人、工程师、农作物种植者、清洁工、公司总裁……他们的个人计划是互不相同的，甚至是互不兼容的。但他们每个人都明白，他必须用自己那微不足道的实际知识和技能来换取自己需要的物品和服务，这一切是通过市场和交换来达到的。他们可能没有意识到，正是他们这种简单不过的自主行为，无数的资源被无比精确合理地配置在不同的地方，千千万万个人的行为协调整合起来，去生产孩子们殷切希望得到的铅笔。这个过程不需要任何人来主宰和计划，自然而然地实现了。这种秩序又是怎样形成的，它又为什么能持续下去？这些引人入胜的问题难道不值得经济学家孜孜不倦地去探索吗？亚当·斯密以后，经济学家们殚精竭虑，力图建立一个概念体系来回答"看不见的手"提出的问题，并由此去修建经济学完整的理论大厦。同时，因为对这个问题不同的回答而形成各个经济学流派。

其实，斯密对这个群体合作的可能性问题，只给了一个有些伦理学意味的回答。因为每个人都仅仅是用自己的知识和技能来换取自己需要的物品和服务，但是受着一只"看不见的手"的引导，"他追求自己的利润，往往使他能比出于本意时更有效地促进社会利益"①。

亚当·斯密确信，社会群体自主的自由交易通过生产专业化、劳动分工和充分利用大规模经济，可以极为有效地促进经济繁荣。这些思想成为后来主流经济学建立的市场概念体系的基石。但他也非常清楚，自由交易的市场秩序需要一系列功能结构以及系统的制度安排来支撑。在市场经济和资本的启蒙时期，亚当·斯密没有，也不可能对这个问题给出一个完备透彻的陈述，迄今，现代经济学对此也还没有一个令人满意的回答。

因此，在许多经济学著作里，"看不见的手"往往被误读了，然后又被滥用了。其实它仅仅是亚当·斯密为经济学提出的一个猜想，并引导人们去建立市场经济的基本原理。一些重要的价值观和道德伦理问题，亚当·斯密则在《国富论》之前的著作《道德情操论》里深入而广泛地讨论过了。同时，他也没有打算在政府干预和市场机制之间抑此而扬彼，这是另外的问题。

也许经济学家们对"看不见的手"寄予了太多的期望，它成了经济学的咒语，许多我们不能透彻地回答的关于市场经济的问题，都交给了这只神秘的上帝之手。但是，人的自利和竞争行为必然是混乱和消极的，显然绝不可能仅仅依靠它去实现社会的福利与和谐。对于人与人之间自主和自利的交易行为产生秩序和协作的原因，或者说群体合作的可能性和机制我们仍然不能自圆其说。对经济学从微观过渡到宏观的科学描述我们仍然束手无策。

20 世纪 80 年代以来，频繁突发的金融危机，特别是 2008 年秋由美国"次贷危机"引发的全球金融风暴，都令主流经济学家和银行家们惊慌失措。在危机前的歌舞升平中，几乎所有的"智慧人士集体失察"，而少数预言者大多是非正统经济学家。美国普林斯顿大学教授马克斯·奥特在2006 年出版的《世界经济危机和应对措施：崩溃已经来临》一书中预言

---

① 亚当·斯密. 国民财富的性质和原因的研究：上卷 [M]. 郭大力，王亚南，译. 北京：商务印书馆，1972：27.

"经济危机会在 2008 年到来"，被公认为最早准确预言这场危机的学者。他坦率地承认"我的分析基础来源于政治经济学"，然后他开了一长串这门学科的代表人物名单——弗里德里希·李斯特、卡尔·马克思、约翰·梅纳德·凯恩斯、约翰·肯尼斯·加尔布雷斯、查尔斯·金德尔伯格、罗伯特·吉尔平，每一个都是正统经济学的"反叛者"。经济学的现状就是如此。经历多事之秋后，人们开始喋喋不休地谈论"市场原教旨主义的终结"和"如何拯救全球资本主义"这些问题。但是，这场危机真正终结的将是关于市场经济的主流经济学教条，而不是市场经济，新古典微观经济学一开始就是对经济学的误导。巴西前总统卢拉说得很好："我期待一个没有经济学教条的世界，这种教条侵入了许多人的思想，被当做绝对真理。"

不过，"斯密信条"给予我们一个极其睿智的启示：交换应该是建立经济学理论体系的逻辑起点。当然，这也是《铅笔的故事》给我们的启示。

三　经济学的逻辑起点

交换是实现社会分工和专业化的唯一方式，对此，斯密做了一个经典的说明：

> "分工一经完全确立，一个人自己劳动的生产物，便只能满足自己欲望的极小部分。他的大部分欲望，须用自己消费不了的剩余劳动生产物，交换自己所需要的别人劳动生产物的剩余部分来满足。于是一切人都要依赖交换而生活，或者说，在一定程度上，一切人都成为商人，而社会本身，严格地说，也成为商业社会。"[①]

分工和交换理所当然地成为商业社会人们经济生活的原初行为。在经济学知识体系中，从语义学的角度考察，分工、交换这些概念最简单，因为它是不需要定义的原始概念。同时，它有最大的逻辑统一性和简单性。因为从交换出发，我们可以用最少的原始概念，得到对经济学最有普遍意义的货币理论的微观基础（关于这一点我们将在以后的章节中讨论）。

---

① 亚当·斯密. 国民财富的性质和原因的研究：上卷［M］. 郭大力，王亚南，译. 北京：商务印书馆，1972：20.

不仅如此，交换这一原始概念具有最大的包容性，它既包含了人与物的关系，又包含了人与人的相互作用（它可以是合作关系，也可能是竞争或者博弈），它本身就是一个最简单的动态系统。因此，从个人的交换行为过渡到宏观经济描述不存在原则性的障碍。也无须对它做一些限制性的或者违背经验事实的假定。我坚信交换应该是经济学理论体系的逻辑起点，推理从这里开始。也就是说，作为经济学逻辑起点的不是孤立的经济人或孤立的商品，而是一个结构——交易行为。孤立的个人和商品对经济学而言毫无意义。因此，经济学研究的对象是经济人之间的相互联系和相互作用。

亚当·斯密建立古典政治经济学体系时，把价值概念作为理论的逻辑起点。但是，价值概念无论从劳动耗费，还是从有用性或者交换其他商品的能力来考察，都不可能被严密定义和准确量化。除非引入货币范畴，但货币又只能是交换行为自发的产物，否则它只是逻辑的虚妄。价值概念的混乱引发了古典政治经济学各个流派之间激烈的论战，迄今仍然莫衷一是。至于新古典主义经济学的"理性经济人"假定，也遭遇越来越多经济学家的质疑和批判。我们从个人的交换行为出发进行推理，就无须在经济理论建立前事先定义价值概念，从而避免了古典政治经济学"双重叙述"的悖论，即在商品交换之前孤立地论证商品二重性（使用价值和交换价值）。同时，也无须假定"理性经济人"。所有这些基础概念（价值、货币、价格）都会在交易行为中自发、自恰地演绎出来。这对传统经济学概念体系的逻辑结构是颠覆性的。这些具有深远意义的启示都来自 20 世纪自然科学的革命性进展。

20 世纪 60 年代以来，I. 普利高津和布鲁塞尔学派提出了一种全新的思想。他认为物理学正处于结束"现实世界简单性"信念的阶段，人们应当在各个单元的相互作用中了解整体，而不是还原论和简单相加。这导致了对自组织现象，对大系统和复杂性的研究，并洞察到古典力学和量子力学一些最基础概念的局限性。为了更深入透彻地说明这个问题，现在我们要把讨论回溯到几何学和物理学的逻辑起点。

四 真空中运动的质点

古希腊思想家亚里士多德把严密推理的定律构成一种系统的形式，他的三段论法至今仍为学者们沿用，他的逻辑体系对数学证明的发展曾产生过重要影响。而第一个标准化的演绎体系则是欧几里得在《几何原本》中建立的，欧几里得几何的公理体系对近代科学的深远影响一直延续到 19 世纪。欧氏几何的逻辑起点就是著名的"平行公理"——过直线外一点只能引一条直线与该直线平行。

富有启发意义的是，当数学家们力图去证明平行公理的独立性时，他们创立了非欧几何。如果用罗巴切夫斯基—波耶公理来代"平行公理"，或者说过直线外一点可以引不止一条直线与该直线平行。那么，我们同样能够建立一个在逻辑上没有矛盾的公理体系，这种几何同欧几里得几何在逻辑上完全平等，却包含许多新奇的不同于欧氏几何的结论。例如，三角形内角之和大于 180 度等。同样令人惊奇的是非欧几何同欧氏几何一样，可以用来描述真实的物理空间。爱因斯坦在谈到"黎曼几何"时这样写道：

> "他用纯粹数学推理的方法，得出了关于几何学同物理学不可分割的思想；七十年后，这个思想实际上体现在那个把几何学同引力论融合成为一个整体的广义相对论中。"①

由于牛顿力学惊人的成功以及引力定律构成了天体力学的基础，"牛顿体系"成了十八九世纪欧洲人心中无可争议的真理。这个体系的基本图景是：在绝对时间空间中运动的质点（具有质量，不可分的坚硬的粒子）。那么，从质点这个逻辑起点出发我们能不能在这些简单概念——质点、真空、运动定律和万有引力定律的基础上，建立起一个能完备地反映复杂现实世界——从原子到宇宙的理论体系呢？无疑，这个宏伟的纲领是让人神往的。当时，由于牛顿力学正取得令人目不暇接的辉煌胜利，物理学家和哲学家们对这个问题的回答踌躇满志、信心百倍。最有代表性的就是拉普拉斯的"神圣计算者"的思想。拉普拉斯认为，如果一个智者知道任一瞬间所有质点的相互位置，他又伟大到足以将所有数据加以分析，他就能把世界万物的运动凝聚成一个单一的公式，未来也就确定无疑地展现在他的眼前。

热力学和统计力学的发展更加强了物理学逻辑基础的至尊地位，因

---

① 爱因斯坦. 爱因斯坦文集：第 1 卷 [M]. 北京：商务印书馆，1977：208.

为，分子运动论的基本图景仍然是"真空中运动的质点"，只不过用原子论性的实体同质点对应起来而已。规律是统计性的，但其结论很好地解释了热力学现象，并且相当精确地与经验观察一致。

但是，量子力学的发展，特别是光和电磁现象的解释使古典力学面临极大的困难。在这方面，革命性的进展是由法拉第和麦克斯韦的电磁理论取得的。在这个理论中，场的概念取代了真空中的质点，从而使牛顿时代以来物理学的基础经历了一次最深刻的变化。后来物理学家提出的统一场论，力图用场方程不带奇点的解来透彻地描述整个物理实在，从基本粒子到大宇宙。在 20 世纪 50 年代新基本粒子理论的发展表明，把基本粒子看成"具有质量的数学的点"的点模型和在这个基础上建立的"定域场论"，不可避免地会出现"发散困难"（即计算结果在数量上是无穷大的）。"重正化"方法虽然可以部分绕过"发散困难"，但有一些基本粒子是不能用"重正化"来处理的。基本粒子绝不是物质的本原，不是"真空中运动的质点"，而是有内部结构的单元。

20 世纪 60 年代以后，耗散结构理论、协同学和超循环理论的发展彻底地动摇了牛顿力学作为全部物理学基础的信念。我们必须告别"真空中运动的质点"这种简单化的模型，虽然追寻事物简单本原是如此令人神往，但是我们还是不得不从拉普拉斯的"神圣计算者"那里转过身来，面对相互作用的复杂系统。

五 世界不再简单

关于"现实世界的简单性"的信念，正是来自"牛顿体系"的基本图景和拉普拉斯关于"神圣计算者"的理念。也就是说，一旦我们了解了真空中运动质点的性质和运动规律，也就确定无疑地掌握了世界的过去和未来。但是，这种认为一旦我们了解了组成整体的小单元的性质，就决定性地把握了整体的信念，同社会学、生物学也同经济学和哲学的进化的观念，以及对过去和未来的认识，对局部和整体的认识是不协调的。18 世纪法国哲学家狄德罗在《达兰贝尔的梦》中就认识到了这一点。对于一种集合体——这种集合体对它自身的完整性是有意识的，对这种整体，狄德罗说"我不了解它，不，我不了解它"。的确，即使我们知道了生物大分子核酸、蛋白质的微观结构，并不等于我们就能透彻地理解生命现象。而微观粒子的运动定律则同描述宏观物理现象的经典模型有着本质的区别。总之，物理学正处于结束"现实世界简单性"信念的阶段，人们应当在各个单元的相互作用中了解整体，而不是简单加总。

这种思想早已存在于古希腊的自然哲学里。亚里士多德认为，只有认识了事物的"本原"，才是了解了这一事物。然而"本原"不可能是"一"，"本原"也不可能完全从事物中分离出来，因此，构成"本原"的必然是一种相互作用关系，雅典学派把它称为"对立"。亚里士多德在《物理学》中写道：

> "在'原初对立'这个名称里包含了这些条件——因为它们是'原初'的，就不是由别的事物产生，因为它们是对立的，就不是彼此互相产生。"①

也就是说，在"本原"之间仅仅存在着一种关联。

显然，亚当·斯密和古典政治经济学家们在构建经济学的逻辑基础时，遵循的却是"牛顿体系"的这种"现实世界简单性"的理念，而不是亚里士多德的相互作用的思辨。他们力图从商业社会中运行的商品或者"经济人"个体的研究出发，来了解和说明国民经济体系的规律，并去预测未来。这种信念一直主宰着此后新古典主义和主流经济学关于微观经济学和宏观经济学的研究纲领。但这是一条错误的路线，我们不可能通过加总微观经济来得到宏观经济，了解微观经济结构并不意味着把握了宏观经济的运行，从微观经济行为我们也不可能导出宏观经济理论，它们遵循着完全不同的规律。必须从"经济人"的相互作用中了解经济系统整体，从而使经济学科学地从微观描述过渡到宏观描述。正是因为这种考虑，我们把交换行为，也就是经济人之间的相互作用作为经济学推理的出发点。

经济活动中最简单的交换行为是社会成员之间的物物交换形式，即一定数量的商品和一定数量的另一种商品之间的交换，如 x 量的 A 商品和 y 量的 B 商品之间的交换。即

$$xA \longleftrightarrow yB$$

这种简单的物物交换主要特征是交易决策的自主性和自由性，同时在信息

---

① 亚里士多德. 物理学 [M]. 张竹明，译. 北京：商务印书馆，1982：28.

不完全的情况下也不可能是理性算计的结果。因此，它必然是随机地在社会成员之间发生的，每一个成员会有多次这样的相互交织的交换，从而形成一个交换的网络。至于这种交换是否成功则完全取决于交易双方各自的价值判断，只有两种可能性，即成交或不成交（这个二元选择的决策过程定义申农信息的度量单位比特）。这种价值判断正如卡尔·门格尔认为的那样，"价值在本质上全然是主观的"。因此，在简单的商品交换中，完全没有必要定义"价值"概念，并不存在一个统一的标度，因为每一个交易者都在经验地内省地体验和使用这一概念。也无须假定交易双方是"理性的"，他们之间的关系是合作、竞争或者博弈都无关紧要，对经济系统而言，重要的仅仅是交易是成功还是失败的"二值逻辑"。

就这一点而言，我们和哈耶克在《感觉的秩序》中阐明的观点是一致的，他认为信息储藏在每一个人的大脑细胞内。因此，除了通过市场机制的自发秩序（如交易人对价格的选择和接受），信息是不能被有效组织的。当然，我们不是在日常语言的意义上使用"信息"概念，在市场微观结构里，信息应该是可以观测和量度并定量化处理的，问题将不是效用和利润的最大化，而是信息熵最大化原理。这是一个信息创生的过程。重要的是，信息是由市场系统的合作产生的，赫尔曼·哈肯称它为"协同学信息"，以强调它的群体性和协和性。

这样，经济学推理的出发点，或者说经济学的基本图景就清晰地呈现出来，即市场交易系统。这个简单的交换形式可以逻辑地导出货币的起源，导出市场在远离平衡态约束下价格随时间演化的动态模式。在这里，我们放弃了"现实世界简单性"的信念，我们必须用微观单元的相互作用以及微观客体和环境之间的相互作用来了解和描述宏观整体的行为。

20世纪耗散结构理论、协同学以及混沌学的发展终结了"现实世界的简单性"信念。复杂性不仅仅来自微观客体的巨大数量（如拉普拉斯"神圣计算者"面临的困难），以及外界扰动带来的不确定性，复杂性也来自非线性系统自身内在的不确定性，如甚至一个简单的决定论性动力学系统也会产生极其复杂的动态行为（如强迫摆、湍流等），即决定性混沌。这是对物理学定律的挑战，但是，物理学由此而取得的一些革命进展也必然为我们更完备地定量地处理生物学、社会学或经济学的"真正复杂系统"提供强大的理论武器和方法。

六　市场的微观结构

在上一节我们提出了交易者之间的随机物物交换行为构成的网络，由此构成经济系统的简单交换形式，也就是市场的微观结构。这种直接的物物交换形式覆盖的范围，一般会局限在一个较小的地区，形成原始市场。从这个市场的微观结构出发，可以衍生出范围更广、更复杂、更高级的市场形态。因此，我们必须透彻地了解市场的微观结构，并建立必要的分析工具，从而把研究推进到市场形态的复杂系统。

这种随机的交易行为在人们的交流和信息闭塞的时候，会通过多次"试错"的方式进行交易，或者买卖双方都会以不成交相威胁，以确定最合理的交换比例。交易双方对一定的交换比例，如 $xA \leftrightarrow yB$ 这种市场信号的反应，会用成交或不成交来回答。在存在大量"试错"行为时，成功的交换比例可能是数量 x（$0 < x < x_a$）、y（$0 < y < y_b$）的任意组合 $\{x : y\}$。当交易通过随机喊价试错进行时，如果交易者之间相互独立，即他们没有任何交流和相互作用，那么成交的概率应均匀分布于 $\{x : y\}$ 中的每一个交换比例。这时，市场就处于一种混沌初开的状态，我们完全无法预测下次交易会以什么比价成交，它可能是集合 $\{x : y\}$ 中的任何一个比价，因为他们成交的概率都是相等的，这时价格不会给交易者提供任何信息。有趣的是，这个状态有些像史蒂芬·霍金描述的宇宙大爆炸初始的混沌无序态，在宇宙的时空边界，任何空间区域可能存在的每一个结构都是等几率的。

但是，交易者不会是完全独立的，他们会相互交流信息，相互沟通并且相互作用而改变抉择，这时一个对交易双方而言，都更为合理有利的交换比例的集合 $\{x' : y'\}$，它是 $\{x : y\}$ 的一个子集，将为更多的交易者选择，从而提高交易成交的概率。因此，在各个不同交换比例成交的概率分布还不会是一条等概率的水平直线（均匀分布），而是一条稍微隆起的曲线。由于交易者的互动和从众行为，随着成交概率的增加，会有更多的交易者采用 $\{x' : y'\}$ 成交，特别在市场处于远离平衡的约束作用时。例如，生产力和分工的进步，必然会出现交换比价的大幅度变化，这种趋势会随信息传递的方式而自强化，它是一个正反馈过程，从而驱动市场交换比例

集合 $\{x:y\}$ 迅速向 $\{x':y'\}$ 聚集。这时市场的微观结构就从混乱的均匀分布走向相对有序的极性分布，或者说"肥尾效应"（见图1.1）。我们可以相当准确地预言，下一次交易的比价十有八九是在 $\{x:y\}$ 的一个更小范围 $\{x':y'\}$。$\{x':y'\}$ 区间越小，我们的预测也就越精确。把交易的另一方换成 z 量的贵金属 zG，并设 x′为1，那么 $\{x':z'\}$ 就是商品 A 的一个价格组合，纵轴则表示成交的概率，这是一个富含信息的结构。

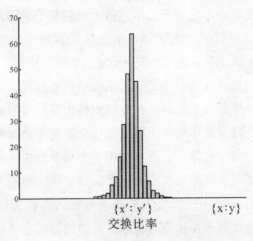

图1.1　简单商品交换比价的分布

这个市场微观结构的简单模型同艾伦·柯曼的"蚂蚁模型"是异曲同工的。奥默罗德在《蝴蝶效应经济学》一书里写道：

　　　　许多重要的社会与经济议题都有蚂蚁行为的主要特征，就是在短期内的不可预测性，经过一段时间会不知不觉合并成有规律的形式，这就是生活在混沌边缘的复杂系统的特征。①

不过，我的简单模型是从人类的选择行为导出，而无须借助蚂蚁行为，它来自市场的微观结构——简单商品交换（物物交换）二元选择决策过程。这是市场结构最初的简单自组织现象。

我们主张在各个个体的相互作用中来了解整体，这对正统经济学来说是一种颠覆性的冲击，它将从根本上革新经济学从微观过渡到宏观的理论路线。特别是这些集合体，如狄德罗所说"对它自身的完整性是有意识的"，这些个体是有学习能力、有情感的，研究这种具有复杂性的整体，

---

① 保罗·奥默罗德. 蝴蝶效应经济学 [M]. 李华夏，译. 北京：中信出版社，2006：12.

肯定不能沿用传统经济学的方法论。因此,从经济学的逻辑起点——市场的微观结构开始,我们同传统经济学的分歧就是泾渭分明的。我们不再假定"理性的经济人"和瓦尔拉斯那个全知全能的"拍卖者",由于有了他,全部交易都会按照均衡价格成交,并出清市场,因此,存在一个唯一的决定性的均衡价格。在我们的商品交换网络里只有数量很多的交易者,他(她)们在一系列约束下自主地选择和"试错",这些约束可能来自稀缺性,或其他文化的、心理的甚至是情感的价值判断等。因此,这种选择并不是理性的,而是随机的。由这种自主选择无意形成的是一个价格集合 $\{x':z\}$ 的概率分布,而不是一个唯一确定的均衡价格。

因此,价格的形成就是一个复杂大系统的动态过程,它的运行状态和模式由不多的几个序参量来决定。在商品交换市场价格形成具有较大的稳定性,而在金融产品交易市场价格形成过程会表现出频繁的波动和复杂的状态,甚至出现宏观巨涨落。它不可能用一个均衡价格来描述。这种概率的统计描述,除了对均值的随机偏离这个大数定律的影响外,更重要的是因为各种约束条件的冲击,而形成交易人内在的不确定性和系统动态特征。关于这种整体性和相互作用的理念,美国物理学家玻姆在谈到量子论的统计趋势时,做了一个经典的描述:

> "新概念应用的结果,打破了隐藏在我们许多语言和思维方法背后的一个基本假定,这个假定就是:世界能被正确地分析成一个个不同的部分,其中每个部分都是独立存在的,但它们按照严格的因果规律相互作用而形成整体。实际上,按照量子概念,世界是作为一个统一的、不可分割的整体而存在的,其中,即便是每个部分'内在的'性质(波或粒子),也在一定程度上依赖于它和周围环境的相互作用关系。"①

这样,在我们的市场微观结构里,不仅存在着交易人之间的相互作用,而且还蕴含了交易人和外部环境约束的相互作用。正是这种内在不确定性驱动价格调整,并留下调整的空间。正是价格集合 $\{x':z\}$ 和交易人之间的随机交易,决定市场的资源配置。对于均衡价格及其涨落以及价格系统性演化的概率描述,我们将在第五章第四节"价格涨落的统计描述"

---

① 玻姆. 量子理论 [M]. 侯德彭,译. 北京:商务印书馆,1982:2.

中进一步讨论。

这个经济人通过交易行为而相互联系，相互作用的复杂大系统是一个相互交换信息、能量、物质的"耗散结构"，在远离平衡态时它会表现出自组织行为，使系统从混乱走向秩序。市场正是这个系统的时空有序形式，价格信号将决定这个商品交换系统的状态和演化路径。正是这种市场秩序协调千千万万经济人自主随机的行为，去生产孩子们盼望的一支铅笔，或者去生产一架干线客机。这就是亚当·斯密"看不见的手"的本质含义。探索这个神奇的机制的确是令人神往的事情。但是，无论亚当·斯密还是现代经济学，都没有完备详尽地回答我们市场经济的秩序是怎样形成和演化的，我们只有一些实用主义的答案，而我们希望建立一种新的概念体系，更透彻地回答这个"世纪的疑难"。

七　经济学寓言

任何一门演绎科学的逻辑出发点，都是一组关于原始概念的基本关系的陈述，而这个前提是不能从其他更深刻的原理演绎出来的，相反正是要从这个前提导出其他更重要、更深刻的理论。同时，这个前提也不能从经验事实的归纳得到。因此，它只是一个"假设"。例如，欧几里得几何的"平行公设"，古典政治经济学中的"价值规定"等。然而，正统经济学对假定的滥用，已经引起人们普遍的怀疑。这使我们想到一则关于经济学的寓言：

一次海难后，一个物理学家、一个化学家和一个经济学家漂流到荒岛上。三人什么东西都没带，只在沙滩上捡到一个罐头，他们饥饿难当，但苦于打不开罐头，于是讨论怎样打开它。物理学家想了想后说道：我可以用眼镜聚集阳光，然后烧穿罐头盒。化学家则说：我用海水腐蚀罐头盒，然后打开它。经济学家掂了掂罐头，若有所思地回答：假定我手里有一把罐头刀，剩下的事就好办了。这个寓言非常巧妙地调侃了经济学家们对假定的滥用。

的确，经济学理论中太多太严的假定已经使经济学丧失防御被否证的能力，像一个免疫功能缺失病人。所以，保罗·奥默罗德说到"经济学的死亡"时，首先是关于"理性经济人"的假定。这在均衡理论中是一个普适性的假定。它隐含经济人唯一的目标是经济利益或效用最大化；经济人的行为是理性的，不会随机决策；经济人具有完全的信息，获取信息的成本为零这些限制性假定。因此，经济中不存在任何不确定性。

瓦尔拉斯在1874—1877年奠定一般均衡理论时，用联立方程组来描述各种经济主体通过商品市场的相互作用，他曾用方程数目和未知数数目相等，方程有解来证明均衡的存在，这当然是一个错误的证明，方程数目与未知数数目相等，并不是方程有解的充要条件。瓦尔拉斯和他的后继者们发现，如果没有一个严密的论点来保证至少有一种均衡存在的话，他的理论将是空中楼阁。但是，在均衡存在性定理的证明中，引入了更多苛刻的、人为的限制性假定。例如，个人的需求函数是连续的假定；关于任何企业可能投入产出向量集合是凸的假定（它排除规模效益）；不同企业对投入产出向量的选择相互独立的假定等。

我们不难看出，这些假定是不稳健的。阿罗和德布罗发现，即使在有关个人行为的所有苛刻假设（如"理性经济人"、"效用函数最大化"等）下，个人的需求函数也不可能处处连续。阿罗指出：

> "麻烦在于个人的收入也依靠物价，并且如果个人原先拥有的那些商品价格降到零，他的收入降为零。然而当有些物价和收入是零的时候，对现在是自由物品的需求可能不连续地跳跃。"[①]

如果劳动力的价格降得很低，人们不仅更多地选择闲暇，而且希望更多地获得别人提供的劳动和服务。在价格为零时，这种需求几乎没有任何限制而出现跳跃。其实，不仅仅是劳动，也不必价格下降到零，只要足够低，个人的需求函数就可能出现不连续的跳跃。

总之，对均衡存在性的证明是令人怀疑的，它的这些过于严格的假定对经验事实和常理的背离令人难以接受。经过这种严格限制后的均衡也就没有什么实际意义了，如果它存在，那也只不过是观念上的。特别是新古典微观经济学的分析工具，如偏好系统、效用函数最大化、无差异曲线等，把经济学研究的客体等同于数学思维对象，把经济人符号化，或者用严格限制的假定来迎合数学工具。这种过分公理化的研究方法，实际上窒

---

① 王宏昌. 诺贝尔经济学奖金获得者讲演集［M］. 北京：中国社会科学出版社，1986：142.

息了经济学研究的活力和创新精神，这种偏见导致经济学的结论往往纯属用数学逻辑做假设和推理的结果，而对现实经济生活一无所知，其结论也同经验事实大相径庭。

譬如，新古典主义微观经济学对消费者偏好的完备性和传递性假设，这些自然数的属性对消费者欲望的满足程度的比较和衡量来说，就不是无矛盾和相容的。数学中的传递性是可严格证明并唯一决定的：如果 a＞b，而 b＞c，则 a＞c。但是，一个消费者在一定量的苹果和梨之间选择苹果，而在梨和桃之间选择梨，却没有任何逻辑的必然性断定，他必然在苹果和桃之间选择苹果，从而在他的偏好上排出苹果—梨—桃的顺序来。这里，存在着不确定性。消费者的抉择远远不是一个理性地比较效用的逻辑过程。每一个推销员都知道，消费者接受一种商品的模式是：注意—兴趣—欲望—行动—满足。决定购物的是情绪，而不是逻辑。如果你不能以决定论（唯一确定）的方式，在商品效用之间排出一个次序，那你怎么能达到最大化呢？许多经济学家都对最大化原理提出了怀疑与批评。克洛尔注意到，凯恩斯的基本宏观行为关系——"消费函数"同微观水平的最大化原理是不相容的，他提出"双重决策假设"来解决这个矛盾。

的确，你不可能从微观个体的行为来描述宏观经济规律。微观个体的行为是混沌的、非理性的、情感化的。研究个体行为从本质上属于心理学和行为学范畴。勒庞曾指出，在社会行为中"群体心理"是远比"个体心理"更重要的因素。正如在市场上，群体的白噪声往往盖过了任何一种理性的声音。宏观经济秩序只能来自微观个体的相互作用，以及微观个体和环境的相互作用。因此，经济学从一开始就是宏观的，荒岛上的鲁滨逊不需要经济学。对于新古典微观经济学不恰当的公理化和形式化，海尔布伦纳提出了非常尖锐而中肯的批评。他说：

> "新古典经济的核心中存在着深刻的缺陷。它无法回答大多数基本问题。什么是价格？什么是货币？是什么扼杀了充分就业？经济学和政治学或社会学之间的界线是什么？它已经变得像中世纪的神学一样。经济学如要进步，必须抛弃它的自取灭亡的形式主义。"①

---

① 转引自凡·库特尼尔. 现代经济学泛论 [J]. 国外社会科学，1987（6）：29.

因此，在我们的理论框架（如市场微观结构）里，必须放松那些限制性的、不稳健的假定，摒弃那些明显违背经验事实的似是而非的描述，特别是那个由供给曲线和需求曲线交点唯一决定的均衡价格。一旦我们把市场微观结构——简单的物物交换作为经济学推理的出发点，对市场价格（包括均衡价格）做出概率解释，那些一直折磨传统经济学的诘难就不复存在了。不仅如此，在后面关于货币本质和价格理论微观基础的讨论中，我们可以看到经济学终于可以摆脱新古典主义微观经济学的梦魇，货币和价格将赋予全新的概念。

八 假定之战

经济学推理总是从生动的整体，完整的表象（如人口、国家、市场、生产、消费等）中抽象出一些有决定意义的一般关系，如分工、交换、价值、货币等。马克思认为，"这些个别要素一旦多少确定下来和抽象出来，从劳动、分工、需要、交换、价值等这些简单的东西上升到国家、国际交换和世界市场的各种经济学体系就开始出现了。"①

爱因斯坦从物理学的实在中也得出了大致相同的结论。他认为，在日常思维的水平，科学的原始概念同感觉经验直接联系着，但这些概念还缺乏逻辑的统一性。因此，需要创造一个概念数目更少的"第二级体系"，进而"第三级体系"等。

爱因斯坦说："这种过程如此继续下去，一直到我们得到这样一个体系：它具有可想象的最大的统一性和最少的逻辑基础概念，而这个体系同那些由我们的感官所做的观察仍然是相容的。"②

这些思想可归纳为：①科学的基本假定同感觉经验（或经验事实）之间的联系是所有实证科学的基础，也是把科学体系同概念的"逻辑空架子"区别开来的唯一东西。②基本假定不可能从经验事实逻辑地导出，或者用归纳法提取出来，它更多地依赖直觉或思维的自由创造。③基本假定的陈述必须达到逻辑的统一性和简单性，即具有尽可能大的普遍性并使用

---

① 马克思.《政治经济学批判》导言［M］//马克思恩格斯选集：2 卷. 北京：人民出版社，1972：103.

② 爱因斯坦. 物理学和实在［M］//爱因斯坦文集：1 卷. 北京：商务印书馆，1976：345.

最少的原始概念（不需要定义的概念）。

因此，在经济学推理的起点是一组关于原始概念的基本关系的陈述。例如，我们关于市场微观结构的描述，或者古典主义关于价值、经济人概念的规定等。由于这些陈述不可能从经济学原理演绎出来，也不可能从经济数据归纳得到，因此，它只能是一个假说，它更多地依赖思维的直觉或创新，依赖抽象力或猜想。但至关重要的是，爱因斯坦一再强调"这个体系同那些由我们的感官所做的观察仍然是相容的"。特别是经济学基础的原始概念在日常思维中，大多是同感觉经验直接联系着的。因此，明显违背感觉经验的假定必然是一个悖论。

基本假定的经验起源，以及必须和经验事实相容，这是经济学推理的基本原则。新古典主义微观经济学那些有悖于感觉经验的基本假定，以及主流经济学那些在数学形式下违背经验事实的假定，都是"自杀的形式主义"。经济学家们对经济学肆无忌惮地滥用基本假定早已如履薄冰。因此，基本假定的科学性和合理性问题一直是经济学家们关注的焦点。否则，经济学便会面临没完没了的来自被否证的威胁而四面楚歌。特别是 1953 年米尔顿·弗里德曼发表了《实证经济学的方法论》，这篇论文后来被经济学方法论的权威学者马克·布劳格称为"战后经济学方法论的中心"，并在 10 年后引起了一场姗姗来迟的大论战——"假定之战"，直到 20 世纪 80 年代这场争论仍未平息下来。

弗里德曼认为，经济学是或者可以是一门实证科学。经济学的假定如果在许多被否证的机会中存活下来，它就会得到巨大的信赖，如果由它通过演绎而得到的预测能为经验中积累的证据所证实，它就是有效的。但"证据从来不能'证实'一个假说"。弗里德曼在文中写道：

　　"完全的'现实性'是无法达到的，而一个理论是否足够现实的问题，只能看它所追求的目的是否产生了足够好的预测，或是否产生了好于从规范理论中得出的预测来得到解决。"[①]

这就是著名的"假定的非现实性"命题。

不错，正如弗里德曼所说，"一般说来，一个理论越有意义，假定就

---

① 米尔顿·弗里德曼. 实证经济学的方法论 [M] //弗里德曼的主要著作. 斯坦福：胡佛出版社，1987：154.

越是非现实的"。因为，理论对假定的要求并不在于它的"真实性"，而是它的抽象性，越抽象的假定越可能具有普遍性。这就是假定的"逻辑独立性"。我们在前面已经指出，因为基本假定既不能从其他原理演绎，也不能从经验事实归纳得到，它是思维的自由创造，它在逻辑上是独立的。但是，这同基本假定的经验起源是不同的问题，也不意味着基本假定可以和经验事实相悖，在日常思维水平的推理中基本假定应该同我们的感觉经验相容。它可以是"不真实"的，但必须是合理的，它不应该导致逻辑悖论。譬如，我们谈论"价值规定"或者"市场微观结构"定价的真实性或可操作性就是毫无意义的问题。因为，经济学推理在它的逻辑起点理论并不要求这种真实性和可操作性，重要的是它的抽象性和普遍性。但是，这一切并不意味着我们可以取消价值概念的经验起源，或者我们可以毫无顾忌地假定违背经验事实的全知全能的"拍卖者"，或者"理性经济人"。

由于弗里德曼没有说明基本假定同感觉经验或经验事实之间的关系，他就给反对者留下了口实。因此，萨缪尔森把弗里德曼的理论概括为"F扭曲"，并批评他混淆了心理上的有用性和经验上的有用性，或者说把形成科学观念的心理问题同科学的有效发现混为一谈。萨缪尔森也许忽略了基本假定的"逻辑独立性"，他对运用范例、抽象模型来理解复杂的现实持怀疑态度，使理论仅仅停留在"事实"的重新陈述上。不过，萨缪尔森在建立他的经济理论时，并没有完全遵循他的这些方法论观点。

在"假定之战"中我们看到，经济学家们在方法论上的模糊和混乱。逻辑实证主义不过是教科书上的方法，主流经济学则在均衡范式周围建立一条"保护带"，以防御被否证的威胁。经济学家们的实际做法往往同他们的方法论主张大相径庭，或者在逻辑实证主义和批判理性主义间，在存在主义和历史主义之间举棋不定，或者把一些对立的方法论原则混合在自己的体系中。

古典经济学把商品或"经济人"作为经济学推理的出发点，并通过加总微观个体形成宏观整体，我们也不难从这个理论路线中看到牛顿体系的影子，也就是物理学的基本图景——"真空中运动的质点"。牛顿体系对经济学的影响是深刻而潜移默化的。这正是十八九世纪科学研究的风格，即公理化和演绎的方法以及还原论的方法。用爱丁顿的说法，就是"科学需要予以注意的任何事实都是用对客体的微观解剖来发现的"。经济学家们也必须从资本主义经济中解剖出商品和"经济人"。我们则完全放弃"现实世界简单性"的信念，并从微观个体的相互作用中来了解宏观整体，这导致用实物交换行为取代商品和"经济人"作为经济学推理的出发点。这个市场微观结构也使经济学可以不用"理性的"假定，并放松新古典主义那些苛刻而不稳健的假设和限制。

总之，市场不能被简化为单一商品或经济人之和，因为这种线性组合不可能构成描述市场自组织结构的理论基础。经济系统作为一个复杂系统，我们必须对市场的时空和功能结构做出整体性的历史的理论说明。因此，关于相互作用的系统理念一开始就应该进入经济学的理论基础。

> 分工使劳动产品转化为商品，因而使它转化为货币成为必然的事情。同时，分工使这种转化能否成功成为偶然的事情。
>
> ——卡尔·马克思

第二章 货币理论的微观基础

古典货币理论"二分法"和"货币中性"的根本原因在于它没有一个合理的理论基础。第四节将引入逻辑公理体系讨论货币的起源问题，并导入货币理论的微观基础，最重要的是商品和货币的对立导致实物交换的对称性破损。一方面是货币作为支付手段和贮藏手段的功能发挥起来，形成现代金融的基础；另一方面是它不可避免地蕴含了金融脆弱性和经济危机的简单可能性。

一 瓦尔拉斯体系中的货币

"看不见的手"表明市场对分工的协调和资源的合理配置是通过价格信号来调节的，正如哈耶克曾强调的那样，价格制度的基本功能之一是简要地、高效地、并且低费用地传递信息。而价格是由货币定义的，因此，货币理论注定是经济学推理的核心问题。马克思价值形式理论建立后，凯恩斯非常清楚这一点。因此，货币领域成为他进行经济学研究的主体，我们往往更多地关注他的《就业、利息和货币通论》，却忽略了他的《货币论》。

货币政策的目标则是价格的稳定性问题。但是，要回答这个问题的前提是对货币本质的透彻了解，而货币的本质恰恰是古典经济学最无建树的领域——从亚当·斯密到瓦尔拉斯。令人不可思议的是，历史的经验证明没有任何一个国家，也没有任何一种制度安排，可以导致价格稳定和货币稳定，对价格更完备的描述只能是动态的概率分析。但是，经济学家们仍然对均衡的存在性和稳定性趋之若鹜，哪怕是"刀刃上的"。

瓦尔拉斯的一般均衡理论首先考察一个包含几种商品的实物交换体系，也就是我们在市场微观结构中分析的简单商品交换形式，它们被标记为商品量 x_i，其中 $i = 1, 2, 3 \cdots n-1$。在这个易货经济体系中，经过全智全能的拍卖人管理的许多价格试探过程后，在给定的商品供给和商品需求之间会建立起一种均衡。由于没有货币，因此必须从 n 种商品中选取一种商品作为计价物，其他 n-1 种商品的价值由它来表示。所有商品供给等于商品需求的均衡也可以用超额需求为零来表示。由此，瓦尔拉斯的一般均衡为：

$$\sum_{i=1}^{n-1} P_i ED_i = 0 \qquad (2.1)$$

式中，p_i 表示 n-1 种商品价格，ED_i 表示 n-1 种商品的超额需求。同时，由于存在"萨伊定律"——"供给创造自己的需求"，当一个市场中供给大于需求时，必然在其他至少一个市场中是需求大于供给，因此总的超额需求为零。也就是说，如果 n-1 个市场能实现均衡，那么第 n 种商品市场也必然实现均衡。总之，最终能够找出一组能实现所有市场均衡的相对价格，使得总需求与总供给相等，从而出清市场。

但是，以上讨论的是一个实物经济体系的均衡，其中没有货币的一席之地。当我们用货币作为媒介的交换来取代物物交换时，须引入货币作为第 n 种商品。这样瓦尔拉斯法则可表示为：

$$\sum_{i=1}^{n-1} P_i D_i + P_n D_n = P_n S_n + \sum_{i=1}^{n-1} P_i S_i \qquad (2.2)$$

式中，D_n 为货币需求，S_n 为货币供给，P_n 为货币相对价格。移项后式 (2.2) 可变形为：

$$P_n(D_n - S_n) = \sum_{i=1}^{n-1} P_i(S_i - D_i) \qquad (2.3)$$

即对货币的超额需求等于实体经济商品超额供给。瓦尔拉斯均衡被一分为二，只有当经济中的货币部分均衡，即货币超额需求为零时，经济中的实体部分才能达到均衡。

瓦尔拉斯体系货币把市场分割为两部分，实体经济部分的均衡取决于货币经济部分的均衡。我们可以看到，货币是天生不稳定的，引入货币以后市场的瓦尔拉斯均衡就是一个悬而未决的问题。同时，由于瓦尔拉斯方程只决定 n−1 种商品的相对价格，引入货币价格方程 f (P_n) 决定货币绝对价格水平，但货币 p_n 是所有相对价格 P_i/P_n（$i=1, 2, 3 \cdots n-1$）的分母，并用它来表示所有其他 n−1 种商品的相对价格。由于绝对价格的变化对每种相对价格的影响是一样的，因此，当绝对价格发生变化时，超额需求方程组不变。这导致了瓦尔拉斯体系的一个重要特征，即"齐次性假设"。从而绝对价格 P_n 乘以任一常数 a 仍然是方程的解。这样，任何绝对价格水平都可能是均衡价格水平，任何绝对价格水平的倍数也都是均衡价格水平，瓦尔拉斯市场会有无数个货币绝对价格，均衡仍然无法确定，当然也就无法定义。不解决"齐次性假设"问题，瓦尔拉斯均衡就是一个虚幻的空中楼阁。

二　齐次性与货币中性

瓦尔拉斯非常清楚，他的一般均衡体系引入货币后会遇到很大的麻烦，由"齐次性假设"带来的悬而未决的绝对价格（货币均衡价格）问题，一直是坚持瓦尔拉斯传统的古典经济学家必须解决的核心问题。这个传统一直保持到现代纯货币理论，如阿罗—德布罗均衡模型。但是，只要模型的相对价格由实物交换均衡体系决定，绝对价格水平由货币数量论分别决定，超额需求就只能是齐次函数，货币数量就不会对均衡产生实质性影响，经济学只能接受"齐次性假设"。一个多世纪以来，对这个瓦尔拉斯均衡存在性定理的证明耗尽经济学家们非凡的才智，仍然没有完成这个智力游戏。

为了解决货币价格的不确定性，古典经济学家建立了"货币数量论"。其最强的形式是直接假定货币的价值仅由其数量决定；弱的形式用约翰·穆勒的表述则是，"商品销售总量等于货币总量乘以每货币的交易次数"。其数学公式为：

$$MV = PT$$

式中，M 为货币供给，V 为货币流通速度，P 为一般价格水平，T 为商品交易总量。这样，

> "利用瓦尔拉斯超额需求方程中的相对价格来解释经济中的真实面，再利用由数量论所确定的价格水平来解释经济中的货币面，古典经济学家得到一个可行的，可以决定整个经济中价格的体系。"[①]

但是，这个体系是分裂的，货币流通方程完全独立于实体经济的均衡方程组，货币只是一件装饰物而已。庇古认为，"货币是一种面纱，它并不是生活的必需要素"。那么，真实而完整的实物计价商品体系为什么要披上"货币面纱"呢？难道只不过是要让瓦尔拉斯体系更优美一些而已？这种用割裂货币的方法来建立商品计价体系的理论路线，是完全不能令人满意的。实物商品交换体系同货币经济是内在有机的统一体，它们之间存在着复杂的非线性的相互作用，"古典二分法"带来的理论断裂完全不能接受。这样，古典货币理论必然陷入两难窘境，货币一旦进入商品体系就会遇到不能确定均衡价格的"齐次性"问题，货币一旦独立又只能是割裂的"二分法"。

"货币面纱论"必然会引向一个货币经济学反复出现的关键问题，这

---

① 默文·K. 刘易斯，保罗·D. 米曾. 货币经济学 [M]. 勾东宁，等，译. 北京：经济科学出版社，2008：56.

就是"货币中性"。"古典二分法"导致对货币变动影响价格变动的传导机制的深入研究。这种研究沿着两个方向进行：一个是对货币存量增加通过需求对价格的直接影响；另一个是考虑利率后产生的一系列间接效应。直接效应也好，间接效应也好，其结论都是货币中性。当然，这也是齐次性的必然结果。在直接效应中，实际余额（即货币总量乘以用商品表示的货币价格）保持不变，结果货币供给的增加最终对实体经济没有影响。在间接效应中，由于利率在长期带来的影响，货币存量的变化最终将引起价格水平的同比变动，货币仍然是中性的，价格也会回归均衡。

唐·帕丁根深刻地看到了瓦尔拉斯体系割裂实体经济和货币经济的根本错误和前后矛盾，并提出了新的解决方案——"实际余额效应"，其基本思想是"其他条件不变，货币数量的增加对于商品需求的影响如同其他财富的增长"。由于货币的财富效应能够增加（或减少）所有商品的超额需求函数，货币方程就不再是外生并独立于实体经济的，瓦尔拉斯体系也就不再是分裂的，从而有可能同时决定相对价格和绝对价格。但是，由于帕丁根模型的新均衡发生在超额需求为零的点上，而这只有在货币供给和价格同比例增长的情况下才会发生。在初始价格水平由于货币实际余额的财富效应会改变所有超额需求函数，而导致不均衡，但当价格升高并使实际余额重归原始水平时，它会重新回到均衡状态。最终货币的永久财富效应，仍然是长期的稳定和中性。虽然帕丁根从对"古典二分法"的批判出发，但由于"实际余额效应"仍然沿用新古典主义微观经济理论的整套分析工具，那么，其结果当然只能是货币中性和回归均衡。不过，帕丁根终于抛弃了齐次性假设。

首先对货币中性提出重大挑战的是凯恩斯。他认为货币是非中性的，它对实际价格、产出和就业具有重要的实质性影响。他特别指出"繁荣和萧条的现象在货币非中性的经济里尤其显著"。

此后，一些经济学家从技术、禀赋、偏好等不同角度批评了货币中性观点。我们特别注意到张宇燕和高程他们从更广阔的层面对长期货币中性提出质疑和批评。他们认为，"货币增长并不仅仅直接地影响了实际产出（虽然它在一段时期内可能确实起到了这样的作用）。更重要的是，财富的重新分配导致了阶级结构的变化，后者又诱发了制度变迁"①，从而引起经济结构的深刻改变。当然，在人们经历了恶性通货膨胀和长期"滞胀"以后，特别是在2008年美国的次贷危机后，大概不会再有人认为货币是中性的了，它会掀起惊涛骇浪。通货膨胀和紧缩都伴随着不稳定的相对价格变化和数量调控，而不是同比例地变动。特别是在恶性通货膨胀时期，通货膨胀会表现出明显的周期性和加速的物价上涨。

由于讨论中性问题，我们从"古典二分法"进一步提及帕丁根和凯恩斯，现在我们还是回到对古典货币理论的考察。在古典政治经济学中最深刻、最具真知灼见的非中性货币理论基础是由马克思建立的。这就是马克思的价值形式理论。然而，这个意义深远的理论却一再被政治经济学教条主义和西方正统经济学误读。

三　价值形式理论

政治经济学教条主义往往只看到马克思对斯密和李嘉图的劳动价值学说的发展，而忽视了马克思独创的价值形式理论，甚至把价值形式分析看成"繁琐哲学"或"纯思辨的逻辑"。事实上，价值形式理论的独创性和预见性，以及论证的科学性和严密性都是天才的无与伦比的。其中，最重要的贡献：一是马克思以完备的推理论证货币起源；二是货币形式包含的经济危机简单可能性的研究。这些卓越的思想本该是形成科学的货币理论的基础结构，但是，政治经济学教条主义看不到这一点，而西方主流经济学家们又有意无意地用沉默来扼杀这些意义深远的理论。熊彼特看到了这一点，他非常了解马克思理论精髓的结构。而以货币形式为其完成形态的价值形式理论，是古典经济学家们最无建树的领域。熊彼特在他的名著《经济分析史》里写道：

　　"但是仅就马克思这个事例而言，由于我们忽略了这点而受到的损失是很大的。因为，作为一个整体，他的见解的完备性在每个细节上，都表现其正确，并明显地成为所有从事研究他的朋

---

① 张宇燕，高程. 美洲金银和西方世界的兴起 [M]. 北京：中信出版社，2004：41.

友和论敌领受智慧魔力的源泉。"①

马克思在他独创的价值形式理论中，用完备的推理考察货币怎样从它的胚胎——简单的商品物物交换形式，发展到它炫目的成熟形式——货币金属。

对于古典政治经济学来说，没有明确地和有意识地区分体现在商品中的劳动二重性，也许还不是一个最严重的缺陷，更为重要的是他们完全忽略了对使价值成为交换价值的价值形式的分析。因此，他们不能科学地说明货币形式的起源，当然也就不会有正确的价格理论。关于这一点，马克思曾经提出：

> "古典政治经济学的根本缺点之一，就是它始终不能从商品的分析，而特别是商品价值的分析中，发现那种正是使价值成为交换价值的价值形式。恰恰是古典政治经济学的最优秀的代表人物，像亚当·斯密和李嘉图，把价值形式看成一种完全无关紧要的东西或在商品本性之外存在的东西。……因此，我们发现，在那些完全同意用劳动时间来计算价值量的经济学家中间，对于货币即一般等价物的完成形态的看法是极其混乱和矛盾的。例如，在考察银行业时，这一点表现得特别明显，因为在这里，关于货币的通常定义已经不够用了。"②

因此，马克思批判了斯密和李嘉图的商品与货币同一的论点，批判了萨伊把货币仅仅看成交换媒介，但对交易来说并不是必需的"货币面纱论"，马克思强调的是相对价值形式和等价形式的对立统一关系，随着对商品等价形式的深入了解，货币之谜也会随着消失，问题的关键是商品和货币的对立。马克思指出，货币形式的出现，使商品内在的矛盾完全转变成为商品与货币的对立。因此，一切商品只有换成货币才能实现自己的价值。

我们在前面的讨论中确定了经济学推理的起点，即市场的微观结构。它可表示为：

$$xA \leftrightarrow yB$$

---

① 熊彼特. 经济分析史 [M]. 伦敦：英国伦敦和昂温出版有限公司，1982：384.
② 马克思，恩格斯. 马克思恩格斯全集：23 卷 [M]. 北京：人民出版社，1974：98.

它同马克思的简单的、个别的或偶然的价值形式是等同的。其简单价值形式可表示为：

$$xA = yB$$

例如，20 码麻布 = 1 件上衣，或 10 磅茶叶 = 40 磅咖啡等。马克思发现一切价值形式的秘密都隐藏在这个简单的价值形式中，因为在简单的价值形式等式两端是不对称的，前一个商品起主动作用，处于相对价值形式，后一个商品是被动的起等价物的作用，它们的地位是不能互换的。这两个商品作为同一价值的表现形式，一个作为相对价值形式，一个作为等价形式互为条件、相互依存。但马克思强调的是它们之间互相排斥和对立的性质，正是这种对立统一推动价值形式向扩大的相对价值形式、向一般价值形式发展，并最终转化为商品和货币的对立，而在经济危机时期，商品和货币的对立则"发展成绝对矛盾"。事实上，我们可以看到危机的可能性早已埋藏在简单价值形式的胚胎中，这在古典经济学中是一个划时代的思想。

顺便指出，在简单价值形式 $xA = yB$ 中由于相对价值和等价形式的不对称，使用等号是不恰当的。同时，在简单价值形式中，同质同量的同种商品的交换，如 20 码麻布 = 20 码麻是毫无意义的同义反复，能够表现商品相对价值的必须是不同量不同质的使用价值 $xA \neq yB$。这里包含一个逻辑悖论，即 $xA = yB$，当仅当 $xA \neq yB$，这同"罗素悖论"是等价的。要克服这个悖论，必须在没有发生交换关系前先验地规定商品的交换价值，假定 $xA = yB$，并孤立地论证商品的二重性。马克思早已看到这种"双重叙述"的弊病，但是，在古典政治经济学的框架内很难避免"双重叙述"。我们在市场微观基础的描述中则不用"等号"，而使用互换符号"↔"。因此，也无须先验地规定商品的交换价值，并假定它们相等。

四 "理发师悖论"

1900 年在巴黎召开的第二次国际数学家会议上，庞加莱满怀信心地宣布，"现在可以说，绝对的严密是已经达到了"。但不久，一系列悖论的提出轰动了整个数学界，数学家们失望地发现数学的基础垮掉了，数学又面临一次新的危机。这些数学悖论可以用许多方式表达，也许罗素的"理发师悖论"最简单地表达了这些悖论的本质。一个乡村理发师宣称他当然不给自己刮脸的人刮脸，但给所有自己不刮脸的人刮脸。一天，他发生了疑问：他是否应当给自己刮脸。假如他自己刮脸的话，按他声言的前一半，他就不应当给自己刮脸；但是如果他自己不刮脸的话，照他声言的后一半，他又必须给自己刮脸。这位理发师陷入了逻辑的窘境。关键在于，人们要想不陷入矛盾的话，就不能谈论由一切集合所组成的集合。乡村理发师说的"所有"也必然包括他自己。在商品与货币的对立中也存在"理发师悖论"，正是这些逻辑悖论推动价值形式向更成熟的形式发展。

在简单价值形式中，20 码麻布可以同 1 件上衣交换，当然也必然会同 10 磅茶叶、40 磅咖啡等其他商品交换，一种商品的相对价值可以表现在商品集合的其他元素上，或者说每一种其他的商品都能成为 20 码麻布的等价物。这样，20 码麻布的相对价值才能是完全并确定的表现形式，如 20 码麻布＝1 件上衣，或 20 码麻布＝10 磅茶叶，或 20 码麻布＝40 磅咖啡，或 20 码麻布＝其他商品等。由此简单的价值形式就发展为扩大的相对价值形式。

但是，我们很快就会发现扩大的价值形式不可能是完全的，从而也不可能是确定的。首先，会不断有新的商品加入这个等价物系列，这个过程可以说永无止境，因此，扩大的价值形式的商品序列是发散的，而不是收敛的，它不可能表现为完全和确定的形式。更重要的是，扩大的价值形式自身包含着逻辑悖论。我们可以看到，在扩大的价值形式中，例如，20 码麻布必须用 1 件上衣，或 10 磅茶叶……来表现自己的交换价值，但是，如果 1 件上衣或 10 磅茶叶等的扩大价值形式是完全的，它们又必须用包含 20 码麻布的商品序列来表现自身的价值。这样，我们就会面临一个尴尬的局面，即我们不可避免地必须用 20 码麻布来表现 20 码麻布的相对价值，用 10 磅茶叶来表现 10 磅茶叶的相对价值等。这种自我指谓、自我定义正是罗素—怀特海悖论，即"一个要定义的对象是用包含着这个对象在内的一类对象来定义的"，那么这种定义是不合乎逻辑的。这也是那个乡村理发师遇到的同一个难题，他定义的"所有自己不刮脸的人"是用包含"自己"在内的一类东西来定义的，20 码麻布的价值必须用包含着 20 码麻布在内的商品序列来定义，同理发师悖论是等价的。

我们处于扩大价值形式的两难论证中。事实上，只要处于商品世界的每种商品都把自己作为等价物，相互表现其他商品的相对价值，没有一个超越商品空间之外的等价形式，扩大价值形式系列中的自我指谓就是不可避免的，你也无法摆脱封闭循环。任何实物交易系统要实现私人劳动的社会化，从个人产品转化为商品都不可避免地会出现罗素—怀特海悖论。因此，扩大的价值形式必然向更高层次发展。从扩大价值形式的逻辑悖论中我们可以看到，为使等价成为收敛的，能够完全、确定地表现所有商品的相对价值，同时避免自我定义的逻辑悖论，它必须是唯一的，并独立于商品世界。在交换中，当多数交易人都倾向用某种商品作为等价来表现他持有的商品价值时，一般等价物就会逐渐凝固到某一特殊商品，如麻布上，这就是最有效地克服逻辑悖论的形式——一般价值形式。该价值形式可用如下等式来表示：

1 件上衣 = 20 码麻布

10 磅茶叶 = 20 码麻布

40 磅咖啡 = 20 码麻布

其他商品 = 20 码麻布

马克思指出，在一般价值形式中，充当一般等价物的商品会被排挤出商品世界，而其自身的自然形式也会表现为商品世界的共同价值形态。但是，这个一般等价物还会常常重温它的普通商品的旧梦，它穿着平民的服装，它还没有令人敬畏的王者风范。

只是在金银代替麻布等特殊商品成为一般等价物的时候，只是当这种炫目的特殊商品的自然形式和等价形式历史地紧密结合在一起的时候，这种特殊商品就成为货币商品，其商品的价值形式形成价格形式。它可表示为：

20 码麻布 = 2 盎司金

1 件上衣 = 2 盎司金

10 磅茶叶 = 2 盎司金

40 磅咖啡 = 2 盎司金

其他商品 = 2 盎司金

我们在政治经济学课本里已经很熟悉这种形式，而这种商品交换价值的价格形式同前面讨论过的市场微观结构——商品交换网络是自然相容的，商品和货币最优交换比例和最大成交概率是在商品持有者之间自主随机的交换中，长期历史地形成的，它决定资源的最优配置，并形成商品的价格形式。正因为货币使商品的价值形式成为完全的，不存在逻辑悖论的形式，商品价格才有可能具有准确性和可比性。这一点对经济学来说至关重要。

我无意用逻辑公理体系来改写马克思的价值形式理论，但是，引进罗素—怀特海悖论却可以使我们的推理更加简明。由此可以看到，简单的物物交换怎样以一种逻辑的必然性演化到商品与货币的对立。简单价值形式不断排除悖论而演进到货币形式的过程是对货币发展史内部联系的逻辑研究，不过是生产者之间的社会经济关系漫长发展史的一个抽象。

这就是为什么正统经济学家们在回答"货币的价格是什么"时总会遇到尴尬的原因。因为说到价格，货币必须是商品，那么，货币就不是所有商品的价值尺度，"所有商品"就是由包含货币"自己"在内的一类东西来定义的。这是一个典型的自相关陈述，它等同罗素的"理发师悖论"。这也正是瓦尔拉斯的 $n-1$ 种商品体系没有货币容身之地的原因。我们会在第六章的金融脆弱性的货币本原中，进一步讨论这个问题。这个悖论在贵重金属货币时代还不会有太大的麻烦，但是在法偿货币时期就是一个荒唐的问题。我们就会像那个倒霉的乡村理发师一样，不知道该不该给自己刮脸。

以上的分析可能令人感到枯燥无味，但我要告诉读者，这种分析形式包含了非常深刻的经济学含义。价值形式从简单商品交换（物物交换）的一一对应关系，发展到货币形式所表征的多一对应关系，货币作为普遍接受的交换媒介的公共商品性质引导我们去分析货币的本质，核心问题是商品与货币的对立，货币是商品，但又不是商品。这里沉眠着经济秩序、商业周期和经济危机。现在，这只色彩绚丽的蝴蝶从商品的幼虫蜕变出来了，我们已很难看出它作为普通商品的原形，有一天这只蝴蝶扇动了一下翅膀，却在太平洋掀起了一场飓风。经济学的故事都同这只蝴蝶有关。

五 货币理论的微观基础

贵金属一旦逻辑地取得货币的地位，由于它具有内在价值，因此在我们的市场微观结构里，引进货币同时确定价格不存在任何障碍。所有商品同金银的最优交换比例会在长期的随机选择过程中，历史地形成商品的市场价格。古典货币理论困难，或者新古典主义发展最完善的经济模型中没有货币的容身之地，其根源还是来自瓦尔拉斯一般均衡理论框架。

因为在古典货币理论里，实物商品交换比例（相对价格）基于瓦尔拉斯方程组和萨伊恒等式，但这个一般均衡体系与货币不相容，因此，无法决定绝对价格水平，只能引进货币数量论来定义价格水平。这个把市场行为割裂的"二分法"又与超额需求冲突，导致整个模型失效。一旦瓦尔拉斯的一般均衡幽灵附体，便没有货币的容身之地。即使像精巧的阿罗—德布罗模型，它也许代表了西方经济学最成熟的经济模型，也仍然"未能奠定货币理论的基础"，不论仅仅是作为交换媒介功能还是价值尺度，货币的作用都不存在。很明显，这种理论上的困惑和障碍仍然来自阿罗—德布罗模型的瓦尔拉斯传统和那个"齐次性"问题。在我看来对宏观经济学而言，最重要的因素是货币，但货币并不仅仅通过和商品的比价关系发生作用，关键是在经济模型中决定系统状态最重要的参量是货币状态及其变化。因此，在描述生产和消费以及供给和需求的现代经济模型中，没有货币实质的决定性的功能和作用是不可思议的，是致命的理论错误。

货币的本质始终是西方经济学一个讳莫如深的话题。迄今为止，经济学家们并没能建立一个被普遍认同的、货币在其中发挥突出的实质性作用的理论框架。20世纪70年代初期，萨缪尔森写道："我们的确没有完全合适的、可将货币经济基础囊括在内的理论体系。"现在，这种情况并没有根本的改变，货币主义者非常清楚这一点。经济学家们试图直接从经济主体的合理行为规律中，揭示货币本质特征的研究是不成功，货币理论微观基础的混乱仍然是经济学"信心不足和令人不安的根源"。一些最基本的、看来如此简单的问题也没有答案。例如，为什么需要使用交换手段？如何解决货币存在这一事实？托宾非常深刻地指出了这一点：

"在经济理论的基本范例中，要解释为什么人们要保存对效用或工艺没有内在贡献的纸，而且纸在与商品和服务交换时具有正值，颇为困难。我对那个深刻问题，肯定解决不了，我也不认为它是实际货币理论的先决条件。"①

后来托宾干脆说，"在建立经济模型时，对这一问题最好不要太认真"。但绕开问题总不是最终的办法。诚然，在这个问题解决之前，经济学已经建立了专业的权威的货币金融分支学科，但是，如果没有科学的货币理论基础，如果经济学还不能建立货币在其中发挥突出作用，并将货币经济基础囊括在内的理论体系，那么任何透彻的货币金融理论都是不可能的。诚如萨缪尔森说的那样，没有货币就不需要宏观经济学。货币理论的逻辑公理体系，一个普遍认同的货币在其中发挥突出作用的理论框架，迟早都需要建立起来。

在中央集权型计划经济体制中，由于货币仅仅被作为一种计值单位，作为经济核算、财政和信贷的工具，货币的作用和流通取决于"社会主义基本经济规律"。因此，货币在传统社会主义政治经济学里从来没有作为一个独立范畴而特别加以研究，货币理论是无关紧要的。传统社会主义政治经济学把自己置于一个荒唐的矛盾中，一方面计划经济不能摆脱对货币的依赖；另一方面又在理论和实践中力图否定和削弱货币经济。这有些像马克思批判过的"小资产阶级社会主义滑头"，他们既想使商品生产永恒化，又想废除"货币和商品的对立"。而在社会主义实践中，否定货币的尝试其结果从来都是悲剧性的。例如，苏联的"战时共产主义"、波尔布特在柬埔寨的实验，以及中国"文化大革命"中对货币作为资产阶级法权残余的批判运动都是证明。的确，计划经济对货币的特殊依赖形式，导致了转型前的社会主义体制特有的宏观经济问题。

转型后的社会主义国家的经济改革可能会更快地在实体经济领域实现市场化，但是，在货币金融领域却迟迟不能摆脱传统计划体制的噩梦，并带来匪夷所思的宏观经济困难。例如，中国在 1988 年的"价格闯关"，1993 年的信贷膨胀以及 1994 年后的宏观调控。进入 21 世纪，中国面临加入 WTO 后金融体制、汇率体制改革滞后的困境，并带来过度的外汇储备以及被动超额发行基础货币问题。很多经济学家认为，这为美国的次贷危机推波助澜。

---

① 詹姆士·托宾. 宏观经济过程中的货币与金融［C］//诺贝尔经济学奖金获得者讲演集. 北京：中国社会科学出版社，1986：488.

货币理论的微观基础是东西方经济学家面临的共同难题和挑战。正因为西方经济学没有建立起科学的、严密的包含货币经济基础的理论体系，因此，当 2008 年美国的次贷危机引发的金融风暴席卷全球以后，经济学家们一筹莫展，完全忽略了对危机货币本原的研究，并由此引起关于自由市场正统理论破灭的争论和全球资本主义意识形态的恐慌。有趣的倒是，马克思的《资本论》却在西方国家突然畅销，一时"洛阳纸贵"，这是一个明智的选择。的确，马克思在《资本论》里建立价值形式理论，研究了货币理论的微观基础，其中最重要的贡献是通过价值形式的演进，论证了实物商品交换到贵金属货币的逻辑必然性，解决了货币起源问题。价值形式理论同市场的微观结构天然相容，货币金属在和所有商品的交换中，会通过交易者的随机选择，形成最优交换比例，从而历史地形成商品价格，这是一个动态过程。在这个市场网络里，引进货币不存在任何原则性的障碍，也不存在古典"二分法"荒唐的矛盾。马克思价值形式理论的另一个最重要的贡献是对商品和货币的对立的分析，并由此证明货币的本质已经包含了商品经济危机的简单可能性。一旦货币挣脱了贵金属的桎梏，褪去"贵金属的感性光辉炫惑"，这种危机的简单可能性就变本加厉地膨胀起来，成为铁的必然性。这是马克思理论也是 21 世纪式的全球金融危机对我们的启示。

马克思的价值形式理论的典型对象是执行货币职能的贵金属，即商品货币，它作为货币典型的天然的原初形态，是研究货币理论微观基础最好的素材。正因为古典货币理论没有解决这个问题，使得瓦尔拉斯体系在引进货币时遇到原则性的障碍。对于国家发行的不可兑换纸币即法定货币，以及金融中介的存款性负债为基础的信用货币（如支票、信用卡）而言，则需要另外的方法。但是，毫无疑问，货币理论的微观基础对这些方法的分析仍然是理论的出发点，核心问题是商品和货币的对立，这种对立导致商品交换同一性在时间、空间上的分裂以及商品交换矛盾运动产生的不确定性。这些经济危机的简单可能性在有组织的货币（即金融银行系统）中，由于信用概念和债务的偿还形成信用经济内在的"金融脆弱性"，必然加倍地放大这种"危机的简单可能性"，在一定时期带来金融灾变和严重的经济衰退。1987 年 10 月的"黑色星期一"充分证明了这一点，这次世界性股市暴跌表现出来的突发性和奇异性是传统经济学理论和模型无法解释的。其后的亚洲金融危机、互联网泡沫经济的破灭以及美国的次贷危机引发的全球金融风暴等，这些"布雷顿森林体系"瓦解后发生的一系列金融灾变再次证明了这个基本的理论判断。

在20世纪90年代初，我曾经在《经济系统的自组织理论》一书中，用"货币流通引起的商品交换对称性的破缺"来讨论这个货币理论的微观基础。现在我们需要根据"布雷顿森林体系"解体，特别是21世纪全球金融危机发生后，世界各国货币金融新的经验事实进一步考察这一问题。也许正如美国经济学家彼得·德鲁克在20世纪预言的那样，在未来的经济学中，由商品、资源、劳动构成的"实体经济"与货币信用构成的"符号经济"同样重要，传统经济学把符号经济看成"现实的面纱"而不予考虑的做法将不会重演。

六 货币的"原罪"

我们在"价值形式理论"一节中，曾经指出简单商品交换（物物交换）的基本矛盾，即"罗素悖论"仅仅是隐含的，形而上的。就形态变化和交换功能而言，在简单商品交换中买卖行为是统一的对称的，买同时就是卖，卖同时就是买。由于价值规律交换必须是等价的，并且这种等价关系是同时实现的。例如：

20码麻布 = 1件上衣

这种形式和功能上的对称性显而易见。而对于货币的价值形式，马克思的经典形式如下：

20码麻布 =
1件上衣 =
10磅茶叶 =
40磅咖啡 = } 2盎司金
1夸特小麦 =
1/2吨铁 =
其他商品 =

这个形式外观上的非对称性，或者说对称性的破缺也是一目了然的，一边是商品世界使用价值五光十色的自然形式，一边是它们共同的统一的价值形式，即货币形式。货币金属作为一种特殊商品和整个商品世界对立，正是这种对立统一，使得商品价值可以计量化，私人劳动社会化，微观行为宏观化，并由此去解决个人劳动单一性和需求多样性的矛盾，从而极大地推进社会分工和商品交换的发展。也正是这种对立统一使得货币具有作为价值尺度和普遍接受的交换媒介的公共商品性质，并形成货币的信用基础。

《全球通史——1500年以前的世界》一书认定铁、字母和货币是人类最伟大的发明。但是，对人类社会的这个意义深远的进步——货币的出现，我们也必须付出代价。货币形式外表的非对称性，已经使简单商品交换统一的对称性破缺了，买和卖从时间和空间上被割裂开来，作为交换媒介货币取得了流通手段的职能。此后，又有一系列的货币职能从这种流通手段的基础上发展起来，如支付手段和贮藏手段。因此，在考察流通过程时，考察交换的市场网络时，这种非对称性是至关重要的。买卖在时间和空间上的分裂这种对称性的破坏，使得交易者可以先卖后买，为了下一次更有利的交易而贮藏货币，或者易地交易，从而使投机成为可能，也使得货币存量可以作为一种牟利的资产而存在。储藏货币和投机必然导致市场现金持有量的明显波动。正如马克思指出的那样，认为商品流通必然造成买和卖的平衡是"一种最愚蠢不过的教条"。但是，正统经济学教科书却告诉我们，经济学的信条是出清市场，从而供给等于需求，储蓄等于投资。

这种重要的非对称性不仅仅是由于买卖的同一性在时间和空间上的分裂，更重要的是由于货币在商品交换的矛盾运动中，发展了一系列不受当事人控制的社会联系，从而引发了不确定性和偶然性。这就是马克思说的商品价值从商品体跳到金体上是商品"惊险的跳跃"这句话的内在含义。事情很明白，精细的社会分工使商品所有者的劳动是单一的，他不可能生产自己需要的一切产品，所以，他的产品对他来说仅仅是用于交换的价值。这个产品只有通过货币，才取得一般的社会公认的等价形式。为了把货币吸引出来，商品向货币投去的第一个"秋波"——价格，以证明自己是社会分工必要的一部分。但是，在资源和劳动的合理配置是通过市场的自发调节来实现的社会生产方式下，这个"证明"是非常困难地通过迂回曲折的道路实现的。在"市场的微观结构"一节里我们知道，商品的第一个"秋波"——价格形成是在极其复杂的市场交换网络里，通过无数交易者自主的随机选择历史地形成的，这是一个充满不确定性的随机过程。因此，"分工使劳动产品转化为商品，因而使它转化为货币成为必然的事情。同时，分工使这种转化能否成功成为偶然的事情"。完全不同于物物交换中买卖行为同时对称地实现，货币使商品交换过程既不是对称地，也不是必然地以确定的形式实现。正是这种不对称性和不确定性的"原罪"，足以成为经济波动和危机的简单可能性。马克思比别的经济学家都更早地指出了这点：

> "流通所以能打破产品交换的时间、空间和个人的限制，正是因为它把这里存在的换出自己的劳动产品和换进别人的劳动产品这二者之间的直接的同一性，分裂成卖和买这二者之间的对立。说相互对立的独立过程形成内部的统一，那也就是说，它们的内部统一是运动于外部的对立中。当内部不独立（因为互相补充）的过程的外部独立化达到一定程度时，统一就要强制地通过危机显示出来。"①

因此，在我们的理论框架里货币理论的微观基础表述为货币引起的交换行为的非对称性（或者对称性破缺），也就是统一的实物交换行为被解体为在时间和空间上分离并对立的买和卖的二元过程，以及由此而产生的不确定性和不稳定性，它不可避免地包含了经济危机的简单可能性。这种非对称性在更基础的层次表现为扩大价值形式的罗素—怀特海悖论。而由它派生的货币的观念化（符号化）则是现代金融的基本原理。

七 货币符号

我们在上一节考察了货币的出现引起简单商品交换（物物交换）统一对称性——"买就是卖，卖就是买"行为的破损，在这里货币仅仅执行价值尺度和交换媒介的功能，在形式上一端是商品，另一端是货币。随着商品流通的发展，上述非对称性使商品的让渡同商品价格的实现在时间上分离开来的关系也发展起来，这就是货币作为支付手段的功能。等价的商品

---

① 马克思，恩格斯. 马克思恩格斯全集：23 卷 [M]. 北京：人民出版社，1974：133.

和货币不再同时出现在买卖的两极上。这里货币只是作为买者支付货币的承诺，使商品交换实现了，只是当支付日期到来时，货币才作为支付手段进入流通。我们可以看到，在外在形式上非对称性更加深化了。在货币执行交换媒介功能时，一端是商品，另一端是货币。但是，当货币执行支付手段功能时，一端是商品，另一端则是支付货币的承诺，是一种观念上的货币。这种非对称的形式很自然地造成一种节省支付手段的杠杆。如果同时存在许多相互交错的承诺和支付，只要有一种专门的结算机构和方法，就可以使这些债权债务作为正负数相互抵销，需要偿付的仅仅是这些债务的差额。

货币的这种性质具有非常重要的意义，各种支付互相抵销时，或者货币作为支付手段而延迟支付时，货币只是观念上执行货币的职能，这时货币的内在价值，甚至货币实体都是无关紧要的，货币仅仅是一个符号，就像赌博的筹码一样。同时，这种节省支付手段的放大功能，使得一定量的货币可以推动成倍、成十倍、成百倍的交易。正是这些货币在简单天然形态上的功能包含了货币在其后发展阶段的符号化、杠杆化的功能，成为纸币、信用货币和金融衍生工具的基础。

与此同时，充当支付手段的货币的发展，使货币作为贮藏手段的职能发展起来，以便积累货币偿还债务，或者实现更有利的交易，或者应付意外的需要，或者消除对未来的担忧，或者等待更有利的机会等。因此，积累的货币成为一种可以提供服务或者牟利的手段，成为最具流动性的资产，这正是有组织的货币（银行信贷）的基础。货币作为支付手段发展起来的符号化、杠杆化功能使得货币的内在价值，甚至连货币实体都是无关紧要的，只要信用和信任存在。这时，货币仅仅作为观念上的货币，作为一个价值符号运行。只要人们对取现有信心，就没人认为有必要兑现。因此，只要存款人对银行有信心，银行就可以"做空"，债务就可以成功地充当货币，而货币数量将远远大于黄金储备，从而为借款人提供货币服务，并享受利息的收益。信用概念和债务的偿还是理解货币在市场经济中作用的基础，这正是银行和金融业的基本原理。

但是，货币的这些天然本性的自我扩张功能潜伏着危机，货币作为支付手段和贮藏手段的职能包含着一个直接的矛盾，在各种支付相互抵销时，信用有保障的货币可以只是观念上执行货币的职能，而在实际支付时，货币必然是实实在在的交换价值的独立存在，充当绝对商品。在货币危机时这种矛盾发展到极其尖锐的程度。当然，这种危机只有在金融机构已经充分发展的地方才会产生。马克思这样写道：

> "当这一机构整个被打乱的时候，不问其原因如何，货币就会突然直接地从计算货币的纯粹观念形态变成坚硬的货币。这时，它是不能由平凡的商品来代替的。商品的使用价值变得毫无价值，而商品的价值在它自己的价值形式面前消失了。昨天，资产者还被繁荣所陶醉，怀着启蒙的骄傲，宣称货币是空虚的幻想，只有商品才是货币。今天，他们在世界市场上到处叫嚷：只有货币才是商品！像鹿渴求清水一样，他们的灵魂渴求货币这一唯一的财富。在危机时期，商品和它的价值形态（货币）之间的对立发展成绝对矛盾。"[①]

在 1929 年 10 月 29 日美国股市的"黑色星期二"以及 2008 年 3 月华尔街金融巨擘投资银行贝尔斯登公司被 JP 摩根贱价收购以及 9 月雷曼兄弟申请破产保护时，我们都看到了马克思描述的这一"经典场景"。信用衰败和对流动性贪得无厌的需求"陷阱"，随时都可能引起以流动性为目标组织起来的投资市场股票价格崩溃，银行挤兑和恐慌，并触发经济衰退。

八 交换行为的自组织

从前面的章节我们可以清楚地看到，一个简单商品交换（物物交换）系统，即成千上万的人自主、随机的选择行为怎样自发地从一个混沌无序的状态形成结构和秩序，从而实现最优的资源配置，使人类社会的分工合作成为可能。

首先，这个简单商品交换系统由许许多多相互作用的个体组成，人们相互交换信息、交换物质和能量，因此，系统是"耗散"的开放系统。也就是说，它必需消耗物质和能量才能保持其结构。正是在这个系统中，人们自主随机的个人选择自发地产生时空有序结构——市场和货币以及决定

---

① 马克思，恩格斯. 马克思恩格斯全集：23 卷 [M]. 北京：人民出版社，1974：159.

市场状态的功能结构——价格机制。这个从混沌到有序的过程没有任何人事先设计，它自然而然地形成发展。在实物交换阶段，商品价格是用同其他作为等价物的商品的交换比例来表征的。其价格的形成只能通过迂回曲折的路径，通过更多的试错，极其艰难地形成。同时，由于这种价格（扩大的价值形式）用一个发散的"自相关"的商品系列来表征，没有统一的尺度，也是不确定和不稳定的，表现为罗素—怀特海的逻辑悖论，并产生货币的必要性。因此，在简单商品交换阶段价格信号对市场，从而对资源配置的影响极其有限，其自发的调节作用也是迟缓的、低效的。瓦尔拉斯的一般均衡体系中的那个 n－1 种商品的相对价格方程组描述的，就正是这个简单商品交换（物物交换）体系。显然，瓦尔拉斯的联立方程组不适合描述这个交易者选择的随机过程，它繁琐笨拙，也是不成功的。最后，瓦尔拉斯的一般均衡体系不得不敷衍了事地引入货币均衡方程，而陷入"古典二分法"的谬误，完全割裂商品相对价格体系和货币决定的内在联系。

随着分工的发展，人们需要更多更有效的交易行为，那种由一系列商品交换比例来表现的价格形式不能适应商品交换的新发展。在人们的随机选择中，偶然地会更多地选择某一类商品（如麻布等），开始这是一个低概率的事件，随着表现商品价格的等价物商品的减少带来的便当和效率，会使等价物越来越快地集中于不多的一些商品（一般价值形式）。在简单商品交换中，这些等价物的存亡是由它们同其他商品成交的概率决定的，成交率越高这种价格也就越稳定。这些不同等价物表现为以价格形式（如一定量的贵金属和麻布）在有限资源系统中相互作用和竞争，由于贵金属巨大的优越性（如适度的稀缺性，便于分割携带，质地稳定、耐磨损以及它具有美丽的光泽等），结果是贵金属将完全取代其他货币商品成为一般等价物。这个过程同考虑进化的生物群体发展过程有惊人的相似之处。

货币的出现使价格信号具有了统一的更为准确的衡量尺度。同时，货币作为普遍接受的交换媒介，使人们的交易活动更有效率，从而市场作为从人们混沌的随机交易中自发产生富含信息的时空有序结构，特别是价格机制可以更合理更有效地配置资源，使社会的分工合作有条不紊地进行。这就是亚当·斯密那只"看不见的手"的本质意义，也就是自由市场经济的基本信条。

因此，我们可以看到在经济人自发随机的交易活动中系统获得了空间结构（市场）、时间或功能的结构（货币、价格），而没有经济系统外部的任何特定的干预，因此，它是自组织的。也就是说，市场的结构和功能并非外界强加给交易系统的，政府干预还是以后的事情。同时，外部社会是以非特定的方式作用于市场系统，即它作用于市场的推动力仅仅是分工和生产力的发展，而交易系统特定的结构——市场、货币、价格完全是通过自组织才获得的。这个过程可以用远离平衡态的非线性方程来详尽地描述。

在这个基础研究中，我们考察的是简单纯粹的市场结构，至于罗纳德·H.科斯在交易费用和产权理论中所强调的资源使用的行政决策，价格产出决定的外部法律体系问题对这个微观结构没有任何实质性影响，它在很大程度上属于产业组织理论问题。

在货币金属阶段（包括足值的金属铸币），货币保持着贵金属的神圣光辉，贵金属的内在价值和自然力的限制，保证了货币和价格的稳定性。货币作为特殊商品的属性将使市场系统的价格参量运行在一个近平衡态区间，金银本位也仍然保持了纸币同黄金和白银的联系，商业周期表现为较为温和的形态。正因为如此，所以亚当·斯密对市场调节这只"看不见的手"踌躇满志，经济学家们的乐观和自信也使得古典主义、新古典主义和一般均衡范式迅速地繁盛起来，但这注定是暂时的繁荣。

当货币从商品脱胎而出时，就不可避免地保留了它的"胎记"——货币与商品的对立。也正是在这个对立统一中潜伏着危机的简单可能性。同时，随着货币功能的发展，货币的其他本能如符号化（虚拟化）、杠杆化也发展起来。这一切都使法定货币可以在国家法权的监护下成长壮大，一旦这些没有内在价值的纸挣脱了贵金属的束缚，放浪于形骸之外，就不可避免地带来货币内在的不稳定性和脆弱性，货币数量和其他经济参量都将在更大的区间游移不定，并使实体经济系统运行在远离平衡态的非线性区域，经济波动和巨幅涨落（灾变）都可能出现。商品和货币的对立将演化为断裂和冲突，货币包含的危机会演变成实实在在的经济衰退和萧条。

货币金属阶段是自由市场经济的自然状态，也是市场经济最初的田园牧歌，它使经济学家们的均衡幻觉油然而生，并成为西方经济学的主流。

当货币令人炫惑的金属光辉消退后，国家权力便肆无忌惮地侵入货币的领地，以确保这些没有内在价值的纸的信用。随着"黄金兑换威胁"出现，20世纪30年代的大萧条终结了商品和货币初欢的蜜月，并激发了凯恩斯第一次向古典理论提出重大的挑战。在以后的关于货币的旋律里再也听不到浪漫和中庸，我们将听到"货币战争"惊心动魄的狂飙。

> 我提出用一种全新的方法来解决货币理论中的根本性问题。我的目的是找到一种方法，不仅能够有效地描述静态均衡和失衡状态时的各种特点，并且能够发现制约着货币体系从某一均衡位置向另一位置转移的动态规则。
>
> ——约翰·梅纳德·凯恩斯

第三章 货币传导机制和凯恩斯革命

货币的本能直接导致了金融内在的脆弱性。不过，对经济学理论而言，货币的特殊重要性在于货币冲击向实体经济的传递机制。凯恩斯把有效需求波动描述为货币现象是"凯恩斯革命"同古典货币理论的分水岭，他有力地批判了单向线性的传递机制。但是，凯恩斯没能完全从新古典主义的传统中"挣扎"出来。重要的是，货币数量会以市场状态参量的方式对价格、产出和就业等经济变量发挥全局性的关键作用。这个过程可以用非线性方程来描述。

一 "亚当的苹果"

从市场经济的原生态——简单商品交换必然自发地产生货币金属，这是货币制度安排的自组织阶段。金属铸币最初的出现同贵金属准确分割有关，也同某种商业文化或民族审美价值有关。在中国，货币金属已有三四千年的历史，《史记》有"虞夏之币，金为三品"之说，而金属铸币的出现应在东周、春秋时期。西方也大致在这时开始铸币，按希罗多德的说法，西方铸币最初产生于公元前 6 世纪或 7 世纪小亚细亚中西部古国吕底亚（位于今天土耳其西北部，濒临爱琴海）。

足值铸币的内在价值使得它同货币金属没有实质上的差别，但是，国家法权对货币的干预保证了铸币为经济制度带来的所有好处。在所有中央集权的国家都用苛政严刑限制私铸货币，但每个公民都有权把货币金属送到国家造币厂请求铸成本位币，或相反把铸币回炉熔化成金属条块退出流通领域。正是这种自由铸造自发调节本位铸币的价值和流通货币量，从而保持货币制度的稳定性。铸币并不是属于货币发展史中的关键创新，它处于货币发展从自组织走向有组织货币阶段的过渡期。

但是，货币在作为交换媒介和支付手段时的观念性，也就是说在这些场合货币的内在价值是不重要的，它只需作为一个价值符号存在。因此，铸币的名义价值可以高于它的金属材料具有的真实价值。由于国家法权强制保证铸币的无限法偿，从而使政府可能通过发行货币占有公众财富。公元前 6 世纪，索伦的雅典货币改革便是国家铸币特权的一次运用，但这次改革只是对货币标准的一次改变而已。凯恩斯认为：

> "以牺牲公众利益为代价而使国家获益的国家货币标准改革始于罗马与迦太基之间的第二次战争，罗马首先将改变国家货币标准作为管理国家的工具之一。此后，出于种种目的而改变国家货币标准，通常都采用了贬值的形式，这也成了历史学家们熟悉的一个主题。"①

---

① 约翰·梅纳德·凯恩斯. 货币论：1 卷 [M]. 周辉，译. 西安：陕西师范大学出版社，2008：9.

差不多在同一时期，公元前210年秦始皇制定了中国最早的货币法"以秦币同天下之币"，在全国范围通行圆形方孔的半两钱。汉文帝时"除盗铸钱令，使民放铸"，致盗铸之风盛行。公元前113年，汉武帝收回郡国铸币权，由中央铸造发行五铢钱，统一管理。中国货币发展史中影响最为深远的演变是唐高祖武德四年（公元621年），李渊推行的币制改革，废轻重不一的历代古钱，统一铸造"开元通宝"。"开元通宝"一反秦汉旧制，钱文不书重量，由此中国古代货币由文书重量向通宝、元宝演变，钱文不标重量的惯例一直沿用到辛亥革命后的"民国通宝"。这一惯例使政府可以更隐蔽、更方便地用货币贬值的方式掠夺公众的财富。

国家一旦吞食了"亚当的苹果"，货币的原罪就打开了"阿拉伯魔瓶"。政府必须干预经济，首先就是政府必须负责货币的发行和管理，但是，政府又总是情不自禁地用货币贬值的方式剥夺人民。正如凯恩斯说的那样，"通过连续的通货膨胀，政府可以秘密地、不为人知地剥夺公民的财富，在使多数人贫穷的过程中，却使少数人暴富"。特别当世界各国普遍采用不可兑换的信用纸币后，国家在经济困难时对公众肆无忌惮的掠夺曾经达到骇人听闻的地步，现代经济史也是一部通货膨胀史。或者如保罗·沃尔克说的那样，"人们认为通货膨胀是一种残酷的，而且可能是最为残酷的税收"。但是，对我们讨论的问题而言，更重要的是米尔顿·弗里德曼经常说的一句话："无论何时何地，通货膨胀都是一种货币现象。"

二 黄金和纸的故事

在货币发展史中铸币还不是一次关键性的创新，但纸币的出现却对社会经济带来始料未及的根本性变革。货币作为支付手段时，它的观念化和符号化使得可以用对支付一定数额货币的一纸承诺或对一定数额货币的要求权来代替真实的货币，前提是信用，但国家法权可用强制来保证购买力信用，纸币也就应运而生了。

据《宋史》记载，为了避免铁钱笨重带来的不便，北宋真宗时期创印的纸币"交子"就在四川地区出现。"交子"在政府的许可下，由成都16家富户共同经营。而在全国范围使用的不兑现纸币则是从元代中统元宝交钞开始的，从元中统四年到至元二十二年，国家通过一系列限制金属货币的措施，使元宝交钞成为全国唯一的法偿货币。《元史》记载，元宝交钞"行之未久，物价腾跃，价逾十倍，又值海内大乱，军储供给，赏赐犒劳，每日印造，不可数计。舟车装运，轴轳相接，交料之散满人间者，无处无之……既而所在郡县，皆以物货相贸易，公私所积之钞，遂俱不行"。元宝交钞随着王朝的覆灭而废止。然而在欧洲，

"18 世纪时，商品货币仍然占据主要地位，但是以银行钞票的形式存在的银行票据正逐渐演变成表征货币。法国大革命的后果是将法国和英国的货币转变成了非兑现纸币；在英国，这一阶段由于金本位的出现而宣告结束，人们开始熟悉并且接收表征货币。这对英国财政部和银行来说是如此有利可图，以至于新的货币体系并非仅包括商品货币，而是一个混合的管理体系。"①

商品货币囚禁了太多的商品（贵金属）用于货币用途，这造成巨大的资源成本，金银产量波动带来的货币不稳定性，金银资源匮乏对货币需求扩张的硬约束，强烈地激起用国家管理的廉价纸币取代金属货币的冲动，只要能保证货币购买力的信用就可以了。而政府通过法权轻而易举地达到这一目标，发行这些没有内在价值的红红绿绿的纸片可以得到发行铸币的所有好处，这的确是令人兴奋的事情。同这个巨大的诱惑相比，"亚当的苹果"简直就是小巫见大巫，法国大革命后法国和英国货币转变成非兑现的纸币也就是顺理成章的事了。

就纸币好的一方面而言，货币形式的抽象性，或者说观念化是货币进步的标志，也正是在这个意义上，马克思说，那些仍然被贵金属感性光辉炫惑的民族"还不是完全的货币民族"，凯恩斯称黄金为"野蛮的遗迹"也是这个意思。理论上，管理得好的纸币在稳定价格和汇率方面可能与任何货币做得一样好，而它的社会成本却是最低的。但是，由于垄断发行和不可兑换，纸币截断了它和金银或其他任何商品的联系，政府事实上有可能无限制地扩大货币供应，把纸片变成财富。也许正是为了抑制财政部和银行没有任何限制的贪欲，英国后来又实行金本位制，以保持本币与一定数量的金固定平价，关键是本币可以按官方规定的比例兑换黄金。

---

① 约翰·梅纳德·凯恩斯. 货币论：1 卷［M］. 周辉，译. 西安：陕西师范大学出版社，2008：11.

即使这样，货币仍然加大了经济的不稳定性。瑞士的一位经济学家拉斯·特维德（Lars Tvede）认为，"很可能是在欧洲市场经济引入纸币的时候，经济周期现象就真正成为了重要的问题"。正是约翰·劳在18世纪初把纸币引入欧洲，从而刺激了一个巨大的信用市场的发展。这对经济周期现象具有关键的作用。

货币的内在价值极大地限制了弄虚作假的投机行为，商品（贵金属）货币对币值和汇率的稳定至关重要，自由市场经济系统的参量被约束在近平衡区，商业周期也会表现出较温和的形态。法国大革命前，英国和法国还没有用不可兑换的纸币取代原有的铸币，西方自由放任的市场经济就处于这种相对稳定阶段。因此，亚当·斯密对自由市场经济这只"看不见的手"协调个人行为和合理配置资源的神秘机制深信不疑。这是自由市场经济的启蒙时期。

我们知道，普遍形式的金本位只是在很短的时期内起过作用，即1879—1914年和1925—1931年，国际金本位制也在1879年开始实施。在美、英、德国家充分的自由兑换，在其他一些国家有条件的自由兑换或"金汇兑本位"仍然保证了币值和汇率的稳定，参量仍约束在市场经济系统的近平衡区间。默文·K.刘易斯写道：

> "金本位的拥护者把'一战'以前的这段时间看作是价格稳定、经济与个人自由的孤岛，因为金本位的平稳运行机制能自动保证国际收支均衡和汇率的稳定：'如今，实物货币是唯一被认为在市场经济中经历了历史考验的货币形式'（Niehans，1978）。"①

正是这个由货币参量保证的自由资本主义的相对稳定时期，瓦尔拉斯的一般均衡体系、新古典经济学和古典货币数量论得以繁盛起来，经济学家们可以津津乐道均衡的存在，可以喋喋不休地讨论在一次偏离后市场又怎样回到均衡。

我们也有理由把1929年的大危机追溯到第一次世界大战后金本位的暂停实施以及由此而来的经济系统的高度不稳定。也就是说，1914年停止金本位制诱发了20世纪20年代的货币扩张政策，正是这种货币扩张导致了

---

① 默文·K.刘易斯，保罗·D.米曾. 货币经济学 [M]. 勾东宁，等，译. 北京：经济科学出版社，2008：27.

1929 年的股市崩溃。而 1931 年再度暂停金本位制，同时主要西方国家政府（特别是美国政府）接二连三的极其错误的经济政策（20 世纪 30 年代中期，美国政府实施了严厉的货币供给紧缩政策），则直接导致了 20 世纪 30 年代的经济大萧条。由此催生了"凯恩斯革命"对古典货币理论和传统经济学的批判，并力图用一种全新的方法来解决货币理论中的根本性问题。在这里我们可以清晰地看到，政府的货币政策怎样引起货币失真并造成系统性的货币估算错误，货币估算合成谬误（对所有个体合理的行为可能产生适得其反的集体结果）导致经济系统参量大幅涨落最终怎样驱动经济从繁荣走向萧条，我们还可以看到所有这些又怎样决定经济学理论的兴衰。

三　货币的解放

银行的部分储备制是一个至少有两种货币流通的体制，在金本位制下一种是黄金充当通货；另一种是信用货币（如银行券或银行存款），由银行持有的黄金来支持。但是，当越来越多的债务货币以有限数量的黄金储备作为后盾时，将极大地增加货币金融的不稳定性和脆弱性，在经济大萧条的 1931 年许多国家被迫放弃金本位制。

同样，由于货币在执行它的功能时可以观念化，只要人们对货币与黄金保持平价充满信心，就不会有人要求兑换黄金。因此，对大多数金本位国家而言，稳定汇率也就稳定了货币，货币单位与黄金挂钩倒不是主要的。

　　"货币政策首先要考虑的是稳定与其他货币的固定交换价值，其中主要的目标是对外而不是对内的可兑换性。随着汇率取代金本位作为货币本位这种趋势的增强，金本位逐步过渡到布雷顿森林体系和固定汇率时代。"①

1944 年 7 月 44 个国家在美国布雷顿森林召开国际会议，决定成立世界银行和国际货币基金组织，并确定第二次世界大战后的国际金融秩序，

---

① 默文·K. 刘易斯，保罗·D. 米曾. 货币经济学 [M]. 勾东宁，等，译. 北京：经济科学出版社，2008：34.

即布雷顿森林体系。在这一货币体制下，国际货币基金组织的成员国必须明确本国货币与黄金的比价，并通过固定汇率和黄金价格保持与黄金的间接兑换。保持对黄金的平价实际意味着在金本位制下，本国货币必须与美国的官方汇率保持固定，因为布雷顿森林体系的主要国际储备货币就是美元，只有美元可以直接与黄金兑换。

显然，这一体制是希望通过相对固定的汇率（即严格而有弹性的平价制度），通过间接兑换黄金的约束，从而把商品（黄金）货币保持价格和汇率稳定性的优点同法定货币的优点（即不可兑换纸币低资源成本，更便捷而富有弹性的货币供给）结合起来。同时，通过一系列规则并推动自由贸易和资本流动来稳定汇率。然而，成员国越来越不愿意改变平价以保持汇率稳定，货币升值和贬值都不是好事。而且许多国家放弃了资本管制，日益严重的愈演愈烈的投机活动和资本的盲目运动都在猛烈地冲击固定汇率制，大多数国家都不愿意牺牲内部均衡以维护汇率平价而在 1971 年后选择了浮动汇率制度。这也从根本上动摇了成员国货币通过美元间接兑换黄金的制约。

20 世纪 60 年代以来，滞胀局面和政府爆炸性的财政赤字已经积聚起通货膨胀的强大势头，美国银行系统创造了太多的美元，美联储似乎又不会放慢信贷扩张，面对日益严重的货币危机已经没有其他选择，只有关闭黄金兑换窗口。1971 年 8 月 15 日美国总统尼克松在当天晚上发表的演说中，猛烈抨击国际金融市场上投机分子制造混乱，为了保卫美元必须"暂时"放弃美元兑换黄金。从此结束了布雷顿森林体系，同时美国和世界各国的货币政策都明确货币与贵金属或其他商品不再有任何联系。至于因为企图恢复白银或黄金本位而导致肯尼迪和里根总统被刺的"猜测"，可能永远是一个无头公案，但有一点是世人皆知的，那就是迄今为止，还没有任何国家有恢复货币与某种商品（金银）联系的任何承诺。这是一个具有划时代象征意义的事件。由此，货币完全幻灭了它令人炫惑的金属光辉，打碎一切枷锁，无论是自然力还是"内在价值"的束缚都不复存在。现在，货币是"赤条条来去无牵挂"，它要无拘无束、毫无顾忌地去闯荡"江湖"了。

正如弗里德曼说的那样，"现行世界货币体系是史无前例的。任何一种货币与商品都不再具有联系"。同各国货币当局独立发行和管理不再与黄金兑换的纸币相联系的，必然是一种自由放任的国际金融体系。

"据此看来，现代货币体系在国际行为方面没有任何共同规划。货币发行者没有承诺货币与黄金或其他任何商品是可兑换的。许多国家也没有使其货币可以固定汇率兑换成其他国家货币。货币的创造没有任何限制。国家可以选择通货膨胀、通货紧缩，任何的财政政策—货币政策组合，加快或放慢经济增长。他们可以选择借贷任意数量。"①

在法定货币体系下，这些红红绿绿的纸片已经没有任何客观标准或货币材料可衡量的固定内在价值，货币可以自由创造了。货币的解放给予政府为所欲为地选择任意财政政策—货币政策组合的自由。从此，"现代中央银行家就进入了没有航标的水域"，而政治家和投机者则进入了自由自在的天堂。许多经济学家对此感到担忧。但是，这次"货币解放"对各国经济和世界经济可能带来如此深远而猛烈的冲击都始料未及。

有关的统计资料表明，1971 年以来全世界已经承受着高通货膨胀，发达国家也遭遇停滞膨胀的严重困扰，毫无疑问这是 1971 年"货币解放"的直接后果。图 3.1 显示德国和日本消费价格自 1970 年至 20 世纪末已增长 3 倍左右，美国和法国增长 5 倍左右，英国物价更是剧增 9 倍之多。与此同时，汇率的剧烈波动以及整个经济系统的不稳定性也相伴而生。麦金农在 1996 年曾测算出英国和美国长期利率波动，自 1973 年以来是布雷顿体系下的 2 ~ 4 倍，是 1914 年以前古典金本位制下的 8 ~ 10 倍。很明显，不可兑换纸币的不确定性和不稳定性决定的货币状况，已经使现代市场经济系统的参量阈值远远超出了古典金本位制和布雷顿森林体系时期，这个复杂的非线性系统随时都可能出现巨幅涨落或突发灾变。因此，20 世纪 80 年代后，频繁突发国际金融危机就是预料中的事了。20 世纪 90 年代初，我曾经在《经济系统的自组织理论》一书中讨论过这一问题。

---

① 默文·K.刘易斯，保罗·D.米曾. 货币经济学［M］. 勾东宁，等，译. 北京：经济科学出版社，2008：40.

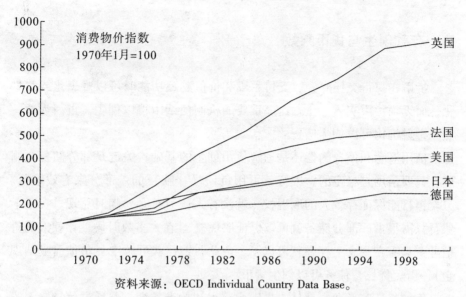

资料来源：OECD Individual Country Data Base。

图 3.1　五个国家消费物价指数

　　就在尼克松关闭黄金窗口，从而结束布雷顿森林体系后两年，经济学家们忽然发现他们面临的是一个非凯恩斯的世界。主流经济学家在对付"滞胀"，即由于通货膨胀引起的衰退这一难题时束手无策，他们的理论和政策已经过时了。凯恩斯主义陷入新古典主义同样的陷阱，这个具有讽刺意味的事实，为离经叛道者提供了强大的学术动力，货币主义也在对抗凯恩斯革命的"反革命"取得短暂的胜利后壮大起来。

　　但是，1987 年 10 月 19 日的"黑色星期一"后，西方股市暴跌的突发性和奇异性已经很难用随机冲击和"有效市场"理论来解释了。面对后来1997 年的亚洲金融危机，2000 年互联网泡沫破灭，2007 年 8 月美国的次级贷款危机爆发，如同 20 世纪 70 年代面对"滞胀"的困扰一样，主流经济学家们又是一筹莫展，货币主义也陷入凯恩斯主义同样的陷阱。在这个"金融创新时代"，正统经济理论和工具软弱无能，直到 2008 年秋天，美国的次贷危机引发全球金融风暴，经济学家们才大梦初醒。人们突然发现，"货币的解放"已经把当代金融经济系统推到了远离平衡的非线性区域，这里灾变与秩序并存。

四 存款创生与货币乘数

货币在执行交换媒介、支付手段和价值贮藏功能时可以观念化或符号化，而无须货币实体。正是这一重要的机制使纸币得以创生。也因为这一点，金融机构可以创生信贷。

信用概念和债务的偿还是理解货币创生的基础，关键是部分储备金制度。只要信用是稳定的，银行就可用负债（存款）的一部分来有效运行。只要银行能保证存款人的取现权，就没有人认为有必要随时兑现。实际上银行只需很少一部分储备就可以保证取现权。在大多数时候，存款人的价值贮藏只需在观念上存在就可以了。由此，银行就可做空（负债而吸纳现金），借短贷长，债务可以创生货币。

例如，一家商业银行从中央银行获得初始准备金，并通过信贷向一家企业发放一笔贷款。在现代转账结算制度下，企业在取得银行贷款后，一般不立即提取现金，而是转入其在银行的活期存款账户。这样，银行一方面增加了放款；另一方面又增加了活期存款，即派生存款，也就是从原始存款基础上创生出来的存款。只要银行能保证取现的信用，那么这笔存款在扣除法定准备金后的余额又可用做放贷或投资的盈利性经营资金。如果这笔余额贷给了另一家银行开户的企业，那么第二家商业银行就会增加相同数量的活期存款，它也会在扣除法定准备金后再贷款给下一家企业，并获得收益……这个过程可一直进行下去，直到法定准备金把原始存款扣完。这时，整个银行金融系统已经实现了数倍于原始存款的派生存款和相应的信贷业务并获利。这笔原始存款支撑着数倍（取决于存款准备金率）的派生存款，以及相应的放贷和利息。这是一个倒梯形金字塔，而所有的金融机构都建立在这样的危险结构上，从而形成金融中介和信用经济本身内在的"金融脆弱性"。

商业银行从中央银行获得初始准备金，进入生产和流通领域，形成商业银行存款。但是存款货币是可以观念化的，只需转账结算就可以了，商业银行可多次使用形成的派生存款，从而使中央银行的初始货币供给量按一定倍数倍增，这个倍数就是在经济学里有重要意义的货币乘数：

$$K = \triangle D / \triangle R = 1/r_d \qquad (3.1)$$

式中，△D 表示派生存款的增量；△R 表示中央银行初始准备金增量；r_d 表示法定存款准备率。由式（3.1）可知，货币乘数是法定存款准备率的倒数，它们呈负相关关系。

但是，实际上在商业银行派生存款增加的过程中存在漏出效应，从而使派生存款量有所减少。例如，有的银行会增持超额准备金以降低风险。另外，贷款的客户总会有提现行为，或者把活期存款转化为定期存款，这些都会相应减少派生存款增量。最后，货币乘数变为：

$$K = \frac{1}{r_d + e + c' + t \times r_t} \tag{3.2}$$

式中，e 表示银行增持的超额准备金在存款中占有的比例；c' 表示社会公众持有的现金在存款中占有的比例；t 表示活期存款转为定期存款的比例；r_t 表示定期存款准备率。

因此，货币乘数只是一个线性的近似描述，实际情况要复杂得多。在千千万万的客户和银行中存款的漏出效应是千差万别的，而金融深化和抑制的程度也是参差不齐的，比例常数只是一个线性近似，特别是货币数量机制存在自强化和自弱化过程，描述金融体系和货币行为的方程肯定是非线性的。

不可兑换的法定纸币使现代货币体制失去了防范通货膨胀最后的安全阀，经济系统由此进入了"没有航标的水域"。建立在银行债务基础上的信贷扩张，货币乘数使货币供应量变得不确定并高度不稳定，并通过货币参量和价格信号扭曲实体经济系统。这个水域不仅没有航标，还有暗流和旋涡，而金融资产证券化和衍生工具更变本加厉地激化这种不稳定性。这正是货币体制"可悲的荒谬之处"，以及中央银行"令人难以置信的无助"，由此构成货币制度和金融机构及其信用的天生脆弱性。

五　货币为什么重要

如弗里德曼说的那样"货币确实重要"，但对经济学理论而言，应该换一种说法，即"唯有货币重要"。因为经济学从它的起点——古希腊的色诺芬和柏拉图的经济思想就低估了货币的重要性，当然这来自他们的重农主义思想。这种情况在整个古典政治经济学时期没有根本的改变，只有马克思的价值形式理论为货币理论建立了科学的逻辑体系，这是一个划时代的理论建树。直到新古典主义经济学，由于没有建立货币理论的微观基础，统治货币理论的只能是"古典二分法"和"货币面纱论"。市场的价格体系由遵循瓦尔拉斯法则的真实商品单独决定，货币是无关紧要的，实体经济可以接受任何数量论决定的绝对价格水平，货币不过是一层面纱，货币内生的决定性作用被这个拼接的理论完全截断了。因此，货币数量的变化除了引起绝对价格水平成比例变化外，对商品比价、实际利率、实际收入和实际产出没有任何实质性的影响。这就是经济学反复讨论的主题——"货币中性"。但是，对经济学来说，"货币中性"无论是短期中性还是长期中性，都是一个致命的世纪错误。

凯恩斯第一个向"货币中性"提出重大的挑战，他代表了与传统新古典思想的决裂。凯恩斯认为，货币经济与实物交换经济具有本质上的不同，货币是非中性的，它对实际价格和产出具有重要影响，这是经济理论一次革命性的变革。凯恩斯和弗里德曼都认为"货币很重要"，但他们都没能透彻地回答货币对什么而言很重要，货币究竟用什么方式影响价格、产出、收入、投资和国际收支等，从而为经济学留下太多悬而未决的问题和无谓的争论。当然，对货币和实体经济之间的相互作用没有透彻的了解是不可能解决这些问题和争论的。也正因为这样，在货币主义"反革命"后，卢卡斯和"理性预期学派"在精致的形式化方法掩护下很快就复辟新古典主义的理论纲领。当然还保留了货币短期非中性的结果。

新古典主义理论的复兴在"真实经济周期理论"（动态一般均衡模型）中达到顶点，他们全面复辟"古典二分法"并否认存在任何形式的非瓦尔拉斯特征。也就是说，真实市场不存在不完全性因素，如不完全竞争、不完全信息和价格刚性等。真实周期理论家们认为，经济周期的主要驱动力来自随机的技术冲击，货币和名义变量的影响并不重要，货币政策不会影响实际产量，即使短期货币也是中性的。经济学对新古典主义挥之不去的眷恋打算把凯恩斯以来宏观经济学的革命性进展"扔进历史的垃圾箱"。但是，有一点是毋庸置疑的，那就是任何回避货币因素的经济周期模型都不可能是科学的透彻的理论，任何忽视货币对真实经济作用的宏观经济理论都不可能成功地建立起来。许多主张"真实周期理论"的经济学家也意识到了这一点，开始在他们的模型中引入货币因素，这样一来"真实周期理论"也就不再"真实"了。

20 世纪 70 年代末，正统凯恩斯主义宏观经济理论相继遭遇货币主义和以卢卡斯为首的新古典宏观经济学的强大冲击，特别是后者的攻击直接威胁凯恩斯主义理论纲领的核心部分，譬如不完全竞争和价格、工资刚性等。为了捍卫凯恩斯革命的理论成果，20 世纪 80 年代初新凯恩斯主义思潮兴起。他们认为，凯恩斯宏观经济理论的危机在于理论本身的弱点，即这些正确的宏观理论缺乏坚实的微观基础。因此，他们的主要任务就是为凯恩斯宏观经济理论建立可信的微观基础。但是，这些努力并没有取得预期的成功。主要原因是新凯恩斯主义学派虽然正确地批评了新古典宏观经济学的完全竞争、完全信息以及市场持续出清的基础思想，并"将成桶成桶的沙子倒在了平滑的新古典范式之中"，但是他们没有建立起一个完整的体系和自己的科学范式。而新古典宏观经济学却在一系列违背经验事实的设定的基础上，建立起精致规范的数学模型，在崇尚浮华的现代经济学时期，这往往是决定成败的关键。例如，在讨论货币冲击对实体经济的短期影响这一典型的宏观经济问题时，正统凯恩斯主义和货币主义都没有建立自己的理论范式，他们都没有超越产品市场和货币市场达到一般均衡的 IS－LM 模型，以及包含劳动力市场一般均衡的 AD－AS 新古典主义框架。这里，我们可以看到西方经济学对新古典主义的眷恋和依赖，以至于像卢卡斯的理性预期和持续的市场出清这样"夸张的"强瓦尔拉斯命题，却轻而易举地取得胜利，并使传统凯恩斯主义四面楚歌。新古典宏观经济学的研究方法受到许多经济学家的推崇，由此，最优化微观基础和理性预期成为当代宏观经济学的标准范式。我认为这正是现代经济学的悲剧。

再来看看新古典宏观经济学对货币经济学的贡献。卢卡斯用规范的方法诠释了弗里德曼和菲利普斯提出的假说，即预期对通货膨胀的影响和"货币幻觉"。菲利普斯曲线表征的通货膨胀与失业之间的强负相关，正是因为它没有考虑通货膨胀（工资）过程中预期的影响，"货币幻觉"会使工人错把名义工资变化当成实际变化，从而在短期货币冲击会直接对失业率造成影响。但是，在长期通货膨胀的上升会改变工人的预期，一旦名义工资的增加和工人对通货膨胀的预期一致时，货币的冲击（通货膨胀和工资增加）对工人的就业就不会产生实质的影响，菲利普斯曲线失灵。当然，货币幻觉之类的概念对于研究预期影响通货膨胀这样的课题来说太宽泛了，卢卡斯是要建立统一的基础理论。

> "我们现在转向卢卡斯，他很快地意识到了信息误差的广泛
> 重要性。他的贡献是继续研究这个概念即预期进入了通货膨胀形
> 成的过程，并且通过精确构建理论的微观基础来解释预期形成是
> 怎样影响通货膨胀过程的。"①

预期的形成很快成为经济学的热门话题，特别对货币经济学的动态分析总是具有非同寻常的重要意义，这也涉及经济学引入时间维度这一基本问题，但预期却不可能是理性的。

毫无疑问，货币是宏观经济的"核心问题"，现代宏观经济学所有重大的理论问题和争论都同货币有关。在货币范畴即使一些看似简单的问题，我们都只有一些似是而非的回答。例如：为什么人们要保存对效用或工艺没有内在贡献的纸，而且纸在与商品服务交换时具有正值？作为资产货币为什么更重要？货币的价格是什么？等等。对此，许多经济学家如弗里德曼、托宾等都认为这些问题"无法准确回答"，而主张绕过这些问题直接建立实际的货币理论。宏观经济学的现状表明，经济学还没有建立起恰当的货币理论基础，因此不能统一而令人信服地回答这些问题。但是，一个完备的关于货币的基础理论迟早都要建立起来，从而使宏观经济学能彻底地摆脱"二分法"和货币中性的新古典主义教条。同时，新的理论也不可能依靠扩大"综合"、兼容现成经济理论的方式来建立，当代宏观经济学需要一个全新的、革命性的理论框架。

六　货币冲击的传递

对宏观经济理论而言，货币的重要性集中表现为货币数量变化究竟用什么方式传递，并怎样影响宏观经济系统这一问题。古典货币理论用直接效应和间接效应来描述货币数量变化的传导机制。

在直接效应中，如果货币数量增加商品数量不变，商品价格就会上涨并一直上升到与货币数量增长同比例的程度。其结果是货币的实际余额保

---

① 默文·K.刘易斯，保罗·D.米曾. 货币经济学 [M]. 勾东宁，等，译. 北京：经济科学出版社，2008：192.

持不变，货币数量的增加对经济实体没有任何实质性的影响。

间接效应则从货币数量的变化通过利率而对宏观经济系统产生影响，从而引入对银行系统的分析。货币供给的增加将会使利率下降，这时，市场利率低于贷款市场出清时要求的收益率，因此企业家贷款投资于新的资本项目将是有利可图的，这使得对贷款的需求增加。但贷款需求的增加又会刺激利率的回升，直到利率再次相等。货币数量增加利率依然不变，货币仍然是中性的，货币数量的变动对银行的经济系统没有实质性的影响。但间接效应允许存在一个派生的结果，即低利率在影响贷款市场的同时也会刺激商品需求，间接提高价格，这个积累的过程就是通货膨胀。正是基于间接效应的概念，李嘉图指责英格兰银行低利率的货币政策导致通货膨胀，19 世纪这场旷日持久的争论又引发了银行学派和货币学派的对立和发展，直到 20 世纪这些问题和争论仍然常常被重新提起。

古典货币理论的传导机制建立在瓦尔拉斯均衡的理论框架上，货币数量的增加仅仅引起价格的同比例上涨，价格的上升会抵消货币数量增加的影响，货币仍然是中性的。同样，货币因素也只是在短期可以影响利率，但它很快又会回到长期水平上。就长期而言，利率是由投资和储蓄决定的，它不会随着货币供给的变化而变化。古典理论完全屏蔽了货币冲击对产出的影响，把货币冲击的传导仅仅限制于对价格的单向线性传递，由此得出货币中性的结论完全抹杀了货币对实体经济决定性的能动作用。

唐·帕丁根在批判古典二分法的基础上提出了一个新的解决方法，这就是实际余额效应。

帕丁根认为，其他条件不变，货币数量的增加对于商品需求的影响如同其他财富的增长。也就是说，货币供给增加相当于正向的财富效应，其结果是所有商品的超额需求与实际余额一同增加。相对于财富效应来说，这个结果也可以通过降低绝对价格水平成为模型中实体经济的一部分。而在古典二分法中，绝对价格水平是同实体经济的瓦尔拉斯体系（它仅仅决定相对价格）不相干的。另一个重要的问题是，由于绝对价格水平以新的增量的形式进入超额需求函数，对既有的收入产生额外的影响，从而使超额需求函数不再是绝对价格的零阶齐次函数，总算解决了那个该死的齐次性问题。

我们可以看到，帕丁根的贡献主要是在数学表达上发展了古典货币理论模型，他的分析仍然拘泥于古典理论框架，实际余额的运行机制可用老一套的新古典微观经济学标准的无差异曲线和预算约束加以诠释。按理说，超额货币供给应该导致一般价格水平的提高，并带来产出的增长。但是，他的实际余额效应仍然阻断了货币冲击对产出的决定性影响，从而使得价格水平的提高最终能够抵消货币供给增加产生的扰动，在新的名义价格水平基础上回到均衡（超额需求为零）。实际余额效应的影响是永久的财富效应，导致长期的稳定和中性。这样一来，帕丁根虽然把绝对价格水平嵌入模型，从而避免了古典二分法割裂相对比价体系和绝对价格水平的错误，并解决了齐次性问题，但仍然坚持货币中性。同古典货币理论的传导机制一样，要害仍然在于理论根本没有考虑货币冲击对产出和利率的系统性影响，单向线性传导机制不可能正确地描述货币冲击对经济系统的全局性影响和相互作用，解决的方案必须是系统的方法。

古典二分法完全割裂实体经济和货币经济之间的相互作用，而帕丁根则用"财富效应"来描述货币冲击的传递机制。这当然是货币理论的一次重要的进展。但是，只要货币仍然是通过比价来影响实体经济，这种单向的线性传递机制其结论就只能是"货币中性"。

笔者认为，货币冲击对实体经济的传递是一个复杂的非线性相互作用过程，市场系统中的经济变量如价格、产出、就业等由于非线性方程的多重解，而表现为均衡定态、周期振荡、不规则的波动，甚至出现巨涨落而导致新结构产生。变量的微小变化会以指数的速度放大，给系统带来根本性的影响，而不是同比例地变化，货币的冲击不可能是中性的。货币数量会以市场系统约束变量的方式，决定着价格等经济变量的动态模式和变化路径，从而发挥关键性的作用。我们将在第五章用一个经典的方程来描述货币数量变化对股市价格相互作用的传递机制。而在第六章我们会用非线性动力学方程来描述消费、投资和收入的相互作用，以及货币冲击的传递。不过现在还有一些中介环节没有建立起来，我们要讨论凯恩斯对古典货币理论单向传递机制的批评，以及凯恩斯理论中货币冲击向有效需求从而向就业的传递作用。

七 凯恩斯革命

由于仍然坚持"货币中性"，帕丁根对"二分法"的批评以及他的

"实际余额效应"仅仅是对古典货币理论的改良，真正颠覆性的革命进展是由凯恩斯的《就业、利息和货币通论》建立的。

凯恩斯旗帜鲜明地同古典学派的"货币中性"分道扬镳。他认为，在现实经济中以货币衡量的各种生产要素的报酬呈现出不同程度的刚性，而且它的改变也会导致各不相同的供给弹性。因此，生产要素的报酬，从而价格不会同货币数量同比例增长，货币不可能是"中性的"。流动性使人们可以随时方便地把持有的货币换成消费品，或者其他资产，也可以把货币贮藏起来。花费或者囤积货币的行为可能导致"协调失败"，从而导致商品和服务供需失衡。凯恩斯把他的货币非中性的思想概括在他经典的结论中，即"有效需求的波动可被适当地描述为货币现象"，这些都在强调货币的重要性。凯恩斯的理论把宏观经济学从"货币中性"的魔咒中解脱出来，赋予货币在经济系统中的决定性作用，因为有效需求是凯恩斯就业通论的根本性问题。如果把有效需求波动"适当地描述为货币现象"，这就把货币置于现代经济学的核心地位，货币冲击对就业、利息、价格、收入产生实质性的影响。

然而，要把有效需求适当地描述为货币现象，首先必须清晰地说明货币冲击是怎样传递从而影响国民收入和就业的，这个思路促使凯恩斯把系统分析的方法引入传递机制。也就是说，货币数量变动的冲击是通过相互联系、相互作用的宏观经济变量对整个经济系统产生全局性的影响，而不是古典货币理论的单向传导机制。凯恩斯认为，在流动性偏好一定时，利率由货币供给量决定。货币供给量越多利率越低，货币供给量越少利率越高，它们之间呈负相关关系。同时，由于投机动机产生的货币需求量对利率的变化很敏感（因为利率的变化会改变投资者对未来收益率的预期），当人们预期未来利率会下降、相应债券价格会上升时，会减少流动性，增加对债券的购买；相反，如果人们普遍预期利率会上升，则会减少债券而增加投机性货币的持有。重要的是凯恩斯认为，促进就业和增加产出最好是同时提高消费和投资，而在一定时期收入不变的情况下，消费相对稳定，因此，重点是增加投资需求。但是，凯恩斯完全摒弃古典理论的"平行公理"。"平行公理"认定由于利率的调节，储蓄不可避免地会自动转化为投资。凯恩斯认为，驱动力是投资而不是储蓄，是货币需求产生货币供给，而不是供给创造需求。决定储蓄转化为投资的主导因素是资本边际效率，而它又取决于资本的供给价格和预期收益。

但是，利率的调整会通过改变预期收益率和资本供给价格而影响资本边际效率，从而决定储蓄向投资的转化。

"通过资本边际效率这一因素，预期的货币购买力的改变可以影响现行的产量的多寡。对货币购买力下降的预期会刺激投资，从而一般会刺激就业，因为，这一预期可以提高资本边际效率曲线，即投资的需求曲线；而对货币购买力上升的预期具有抑制作用，因为，它降低资本边际效率曲线。"①

由于"凯恩斯乘数"，投资的增加会按投资乘数、就业乘数倍增国民收入和就业量。毫无疑问，国民收入和就业量的增加又必然会对边际消费倾向产生相应的影响，并再次向有效需求传递。由于"凯恩斯乘数"效应将是一个扩大的正反馈作用于整个经济系统，这相当于化学动力学中的"自催化"效应。我们可用图3.2来描绘这个货币冲击的传递过程。

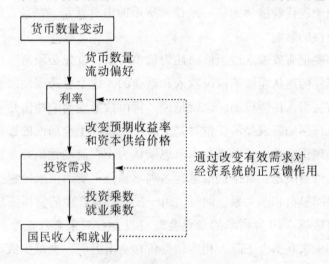

图3.2　货币冲击的传递

我们可以看到货币数量变动（内生或外生）的传递机制是一个经济系统相互联系和相互作用的系统，其中包含有扩张机制的系统反馈作用的影响。凯恩斯非常深刻地看到这一系统分析方法，他一再强调"货币数量的

---

①　约翰·梅纳德·凯恩斯. 就业、利息和货币通论［M］. 高鸿业，译. 北京：商务印书馆，2009：146.

改变主要通过它对利息率的作用对有效需求的数量发生影响",其数量则决定于三个因素:流动性偏好曲线、资本边际效率曲线和投资乘数。但是,如果我们忘记这三个因素本身也部分地取决于其他复杂因素,而未考虑这些复杂因素,那么这种分析可以使我们误入歧途。

"其原因在于,流动性偏好曲线本身取决于新增加的货币数量中的多大部分被纳入收入和企业业务的流通之中,而这种流通又取决于有效需求增加的程度并取决于有效需求如何被消耗于价格的上升、工资的上升以及产量与就业量的增加。此外,资本边际效率曲线部分地取决于货币数量的增加所带来的事态对将来货币市场情况预期的影响。最后,增加的有效需求所导致的新收入如何被分配于不同阶级的消费者的方式会影响乘数的数值。当然,这里所列举的各种可能的相互影响事项并不包括其全部内容。"①

不仅如此,凯恩斯理论比古典理论和货币主义更高明的地方还在于,凯恩斯传递机制并不是完全平滑的,如存在"流动性陷阱"。凯恩斯认为,当利率降到一个足够低的水平,人们会普遍认为利率会很快反弹,在这个临界值都会预期债券在这个最高价位会很快回落,持券投资者会有资本损失,没人愿意增持债券或投资,相反会把投资组合转换为货币,等待更有利的投资机会,这时流动偏好会达到极大值。在这种情况下,无论货币供给怎样增加,人们都只会选择持有货币,而绝不会去购买债券或新增投资。这就是"流动性陷阱",也称为"凯恩斯陷阱"。在 20 世纪 90 年代末,日本经济就出现了这种情况,1997—1998 年期间,日本中央银行力图增加信贷和货币供给,但银行的放贷总额仍然下降,货币当局也几乎没有进一步降低短期利率的空间。这些概念很适合描述非均衡非线性经济系统,另外如"工资、价格刚性"等也是如此。

的确,在那些浩繁的对凯恩斯推崇或敌意的评论中,有过太多旷日持久的无谓论争,常常把讨论变得索然无味。而那些具有变革意义的论题反倒没有引起人们足够的关注。譬如凯恩斯对货币冲击向有效需求波动的传

---

① 约翰·梅纳德·凯恩斯. 就业、利息和货币通论 [M]. 高鸿业,译. 北京:商务印书馆,2009:310.

递，以及他力图用一种全新的方法来解决货币理论中的根本性问题的"拼搏"就是如此。但是，凯恩斯也没有找到一种恰当的方法，从而"不仅能够有效地描述静态均衡和失衡状态时的各种特点，并且能够发现制约着货币体系从一均衡位置向另一位置转移的动态规则"。因为这种方法必然是来自远离平衡态的非线性系统，在当时这种理论还远没有充分发展和成熟。

八　中庸之道

凯恩斯谴责古典经济理论，打破均衡的束缚，确认失业以及产量和就业量的大幅波动是现代经济制度的一个显著特点，但这仅仅是经验事实的一个推论和总结。如果没有建立完备的经济学规范，没有"逻辑必然性"，就说不上"通论"。凯恩斯清楚地意识到，有效需求理论远远不能描述现代资本主义经济制度的各种运行状态，以及各种状态之间是怎样转化的，是什么因素决定这种转化？例如，它可能相当长的时期停留在非充分就业的经济活动水平，而不趋向复苏或完全崩溃的状态。他这样写道：

> "波动能够以相当明确的姿态开始，但在它已经达到很极端的幅度以前，似乎逐渐地把它自己消耗净尽。既非绝望，又非满意的中庸情况是我们的正常状态。正是由于波动在到达极端以前把自己消耗净尽，而最终又使自己回过头来。所以才能建立起我们的经济周期理论有规律性的阶段。同样的事实也存在于价格。在价格对出现的干扰做出反应之后，似乎总是可以暂时停留于一个相当稳定的水平。
>
> 由于这些经验中的事实并没有逻辑必然性，我们必须设想，现代世界的境况和心理倾向必定具有如此的特点，以致能制造出这种结果。"[1]

我们可以看到，在凯恩斯经济理论体系中资本主义经济制度理想的运行模式是一种稳定的波动状态。但是，他非常明白他的"有效需求"理论"能够以相当明确的姿态"给充分就业状态一次冲击，从而使产量和就业

---

① 约翰·梅纳德·凯恩斯. 就业、利息和货币通论 [M]. 高鸿业，译. 北京：商务印书馆，2009：256.

量大幅下降，并导致经济衰退。凯恩斯必须再一次求助于他的社会心理分析，使得经济衰退在走到严重的极端状态之前逆转运动，从而能够"制造"出这种经济波动的机制。他把这种稳定条件归结为：

（1）当社会就业量的增加带来产量增加时，产量和就业量二者之间比例的乘数值大于1，但数值并不很大；

（2）资本的预期收益或利息率的温和的变动不会造成非常巨大的投资量的改变；

（3）就业量的温和的改变不会造成非常巨大的货币工资的改变；

（4）如果在一段时期中，投资量持续大于（或小于）过去，则有助于资本边际效率的反向运行，而且其每年减少（或增加）量都不会具有很大的数值。

凯恩斯认为人类的本性和心理规律都能够满足这四个条件，从而经济变动（复苏或萧条）能在这些限度内发生，而条件（4）保证这种变动（复苏或萧条）在持续足够长的时间后走向逆转运动，由此形成我们生活其中的经济制度稳定的波动形式。

"由此可见，我们的四个条件在一起足以解释我们经验中的突出特点——即我们的制度会上下波动，但又在上下两个方面避免就业和价格处于严重的极端状态，而只是围绕着一个中间性位置来行进。这一中间性位置在相当大的程度上处于充分就业之下，却又在相当大的程度上处于在其下会使该制度的生存受到威胁的最低就业水平。"①

但是，如果没有一个透彻完备的波动理论和周期结构，任何关于商业循环的理论都没有逻辑的必然性，也不知道波动为什么会持续下去。我们需要全新的理论体系和数学分析方法，即关于复杂大系统的非线性模型。因此，凯恩斯理论不可避免地走向"中庸之道"，在他背离传统经济学后，却又用波动的形式摇摇摆摆地回到了新古典主义的均衡世界。对这场不彻底的经济学革命，凯恩斯有充分的自知之明，他一再声明这个"中庸之道"只是观察到的现实世界的状况，"而不是不能更改的必然性原则"。他

---

① 约翰·梅纳德·凯恩斯. 就业、利息和货币通论 [M]. 高鸿业，译. 北京：商务印书馆，2009：260－261.

在《通论》的序中写道：

"我们会看到，使用货币的经济制度基本上是这样一个制度；在其中，对将来的看法的改变不仅可以影响就业的方向，而且还可以影响就业的数量。然而在分析这样一个制度的经济行为时，我们所使用的方法仍然是供给和需求之间的相互作用；从而，通过这种方法，我们的方法和基本价值论就能结合在一起。这样，我们就得到一个更加具有一般性的通论，而我们所熟悉的古典学派的理论则成为通论中的一个特殊事例。"①

这里我们可以清楚地看到，凯恩斯仍然没有完全挣脱传统理论的束缚，从新古典主义微观经济学的基础结构，沿袭供给—需求相互作用的方法是不能得到"通论"的。主流经济学仍然不得不面对"市场异象"。

"中庸之道"迟早会遇到理论上的障碍。当20世纪70年代主流经济学在对付长期"滞胀"这一难题时束手无策，凯恩斯主义陷入新古典主义同样的陷阱。1987年10月19日的"黑色星期一"后，西方股市暴跌的突发性和奇异性以及其后一连串的金融灾变，特别是2008年美国次级贷款危机引发的世界金融风暴，都同"稳定波动"的凯恩斯模式大相径庭。当然，你可以用凯恩斯主义的政府干预政策应付金融危机，但是，经济学理论不得不面对一个"非凯恩斯世界"又是另一回事情，而政府干预政策往往适得其反。

---

① 约翰·梅纳德·凯恩斯. 就业、利息和货币通论 [M]. 高鸿业，译. 北京：商务印书馆，2009：3.

在无数人仔细斟酌有关未来的信息后，从适用性角度说，它们已经包含在当前的价格模式中了。这使得价格行为很像数学家们说的"鞅"：在下一刻，它的变化可能比市场指数快，也可能比市场指数慢。

——保罗·萨缪尔森

第四章　资产定价理论

　　仅就均衡价格的微观涨落而言，价格行为可以是鞅过程，就像掷一枚硬币一样。但是，对经济学理论或者对投资者重要的则是均衡价格为什么以及怎样跃出均衡陷阱，把市场约束推向远离平衡态，而不总是回到均衡。有时，"创造性破坏"是不可避免的。因此，基于"有效市场假说"和理性定价公式的标准统计模型不可能正确，它对市场异象也不可能做出合理的解释。

一　货币涅槃

1602 年世界上最早的股份有限公司东印度公司在荷兰成立，这是一个划时代的事件。马克思曾把股份制经济称为"时代的曙光"，因为它"直接取得了社会资本的形式，而与私人资本相对立"。恩格斯则把股份公司作为衡量国有化是否具有进步意义的标尺。他在《社会主义从空想到科学的发展》中这样写道：

> "因为只有在生产资料或交通手段真正发展到不适于由股份公司来管理，因而国有化在经济上已成为不可避免的情况下，国有化——即使由目前的国家实行的——才意味着经济上的进步，才意味着在由社会本身占有一切生产力方面达到了一个新的准备阶段。……否则，皇家海外贸易公司、皇家陶磁厂，甚至陆军被服厂，以致在三十年代弗里德里希 - 威廉三世时期由一个聪明人十分严肃地建议过的妓院国营，也都是社会主义的设施了。"①

迄今为止，作为一种生产关系和企业组织形式，股份公司仍然同现代生产力的社会化程度相适应。

股份公司的发展产生了股票形态的融资活动，股票融资对流动性的需求则促进了股票交易和股票市场的形成和发展。1611 年阿姆斯特丹形成世界第一个股票市场，东印度公司的股东在股票市场进行股票交易。这种以"流动性"为目标组织起来的投资市场，使得投资人更容易售卖掉手中的股票换取到现金，这种"退出机制"大大增强了投资人的安全感。从而推动存量资产不断证券化，打开了股份公司直接融资的通道。

股份公司的出现引起企业组织形式的革命性变化，一是所有权和管理权的分离；二是企业资产（真实资产和未来的收入流）证券化。企业资产股票化以及股票市场的定价机制催生了财富的孵化和成长功能，随时把公司的死资产和未来的收入流变成现金。为了吸引投资者，上市公司总是高估公司的赢利能力。事实上，在公司股票市值中，公司的账面价值（净资产）比如厂房、设备等只是市值的很少一部分，更大部分是公司未来利润

---

① 马克思，恩格斯. 马克思恩格斯选集：3 卷 [M]. 北京：人民出版社，1972：435 - 436.

流的折现，是对未来收入的资本化。正是这个现代"点金术"成就了资本的积累和集中，成为经济增长和扩张的强大发动机，它在资本主义积累的历史趋势中具有特殊的意义。

在这里我们可以看到那些"死去"的货币（企业的实质资产），在注入未来利润流的灵魂后，更多的货币像凤凰涅槃一样在资本的炼狱中浴火重生了。股份公司的普及以及资产证券化导致的资本虚拟化，不仅使所有权和经营权分离，并使大量证券作为虚拟资本停留在流通市场上。金融资产证券化构成了金融流通自主扩张的重要条件，即证券产生证券的"怪圈"，并为企业的发展和经济增长带来源源不断的现金流。货币与债务以多元形式膨胀，现在没有一家中央银行确实知道，甚至他们也不真正懂得货币供给量是由什么构成的。在货币主义者看来，在一个发达的信用经济体系中，中央银行能通过货币乘数来控制货币供给，将基础货币与统计上定义的货币总量相联系。这样金融市场和产品需求就会随着基础货币供给而变化。事实上，这是一厢情愿，事情要麻烦得多。

在这里，银行系统、非银行金融机构以及债券交易市场自身的目标和调节被忽视或淡化了，货币部门自身行为带来的干扰和噪声被排除在分析预测之外，而现在还要加上证券市场的冲击和白噪声。由资产证券化唤醒的货币给货币供给量带来更大的不确定性，金融将成为不稳定系统，而经济制度的稳定性对货币数量的变化却是高度敏感的。

但重要的是，在货币政策当局（中央政府和中央银行）、商业银行、非银行金融机构以及债券交易市场这三个部门之间，并不存在简单的比例关系。特别第二部门和第三部门已经形成了一个相对独立于实体经济和货币政策当局并有自身目标和利益的运行体系。存款创生和金融资产证券化的杠杆效应已经扭曲了基础货币（或高能货币）的制约，货币供给量已不能准确定义，金融创新意味着货币供给的变化适应于市场需求的变化，而不是市场需求适应于货币供给的变化。同萨伊法则相反，对货币市场来说，不是"供给创造需求"，而是需求创造供给。只要市场需要，随时都可以设计出创新的金融产品，货币供给不存在系统性的障碍。按詹姆士·托宾的观点，政策的形式和强度必须随着金融的发展而变化，把重点转移到证券上来。

二 流动性的代价

证券二级市场为一级市场发行的股票提供的流动性，使证券持有者可以随时变现手中的有价证券，这种退出机制是投资者的安全阀，也是证券市场繁荣的根本保障。但是，这种流动性仅仅是个人之间的，对整个社会而言，投资的流动性和退出机制并不存在。"流动性崇拜"使我们不得不付出必要的代价。当然，如果金融市场没有这种流动性，那么投资人只能买入资产并长期持有，从而使资本成本大大增加，市场、公司的融资机会、资源配置等都会停滞不前。如果没有"流动性崇拜"，证券市场对投资者也不可能具有足够的吸引力，股票价格的魅力和激动人心之处也正在于此。正是流动性的代价展现了股票价格的本质特征。

（1）股市是以流动性为目标组织起来的投资市场，它不可避免地导致资源配置调节机制同生产和流通过程的背离，甚至也日益远离实际资本的运动。大多数投资者并不真正关心投资项目收益的长期预测，他们热衷于在短期股市价格涨落中买进卖出而获利，或者像击鼓传花一样，在鼓点停止的一刻把损失传给下家。很少有人寄希望于股票未来股息的增长，而是追逐股市价格上涨股票升值，一旦这些金融产品失去吸引力，所有的人又都会抛售，从而引发大规模买卖行为。在这个意义上，所有的投资人都热衷于股市泡沫。这无疑会极大地激励投机行为，当资本积累变为赌博场中的副产品时，股市的危险将与日俱增，而如凯恩斯所说"当企业成为投机的旋涡中的泡沫时，形势就是严重的"。在实体经济中运行的企业的不确定和风险都极大地增加了。

（2）"流动性崇拜"不仅带来证券市场的投机性，还加剧产业资本和金融资本的对立。资产证券化以及以流动性为目标组织起来的投资市场导致资本虚拟化。股票只是拥有一个股份公司实际资本所有权的证书，是参与公司决策索取股息的凭证，表现为虚拟资本，或者说实际资产的符号。这些虚拟资本停留在流通市场自我扩张，形成证券产生证券的"怪圈"。它们完全不顾及实体经济的生产和流通过程，甚至也不顾及实际资本的运动，而按照证券市场的游戏规则运转，并为市场参与者如证券发行者、投资者及中介机构获取巨大的经济利益。现代金融资本同实体经济的背离助长了证券市场盲目扩张的冲动，当实体经济的赢利能力不能支撑以投机为目的的证券市场巨大的经济利益，不能支撑金融业的过度分红时，危机便会强制地发生。

（3）在贴现率一定的条件下，股票价格取决于两个因素：一是预期股利（它是由公司未来的盈利状况和分配政策决定）；二是股票价格未来变动产生的投资增值（或亏损）。这两者都不可能理性预期，这是由股票市场的本性决定的。在这个市场上，一方面存在着资本和知识高度密集的政府机构、投资银行、券商、基金经理等金融精英。对他们来说，这是一个专业投资者运用策略来管理大量资金的过程。另一方面又存在着大量的非专业的投资公众。他们处于弱势地位，在信息上高度不对称。特别是存在内幕交易、投机、欺诈、舞弊的情况下，理性预期只能是自欺欺人。

这样，对投资量以及资源配置施加决定性影响的是投资人根据股票市场每天的重新估价、在个人之间转手的行为。他们既不精于实业，更不通晓行业的特殊知识，他们在信息上处于劣势。他们的精力和知识主要不是去关注一项投资未来的长期收益，而专注于在股票价格短期涨落中投机的技巧。因此，对公司而言，这些投资行为也不可能是理性的。一般来说，他们没有足够的时间、信息和智能达到理性，往往会依靠本能和直觉。

（4）风险是一切投资决策的核心问题，即对风险和投资回报的权衡。流动性保证了股票市场最基本的安全性，在这个条件下要同时获得高投资回报，就必须保持股票价格的高度弹性和灵活性，以及投资人高效的投机行为。以流动性为目标组织起来的投资市场是远离平衡态的复杂系统，它对货币状态、信息和群体行为都是高度敏感的。投资回报取决于风险溢价，投资回报和风险是对立的统一，在保证流动性的条件下，高回报必须付出高风险的代价，鱼和熊掌不可兼得。而股价的不确定性和易变性又极大地增加了风险程度。股票市场将高度不稳定，这是由现代投资市场的本性决定的。

（5）流动性、风险和投资回报的连环套带来股市价格的变幻莫测，而主导价格涨落的动力则是投资人对未来投资收益的预期。但是，由于证券作为资产符号的概念性，它不存在物化的价值实体，因此其价格的变化取决于交易双方对上市公司预期经营业绩、股票市场供求状况以及宏观经济形势等信息的掌握和判断，这就是股市价格的信息决定性。不仅如此，这种对未来的预期的信息又会通过价格变动自强化。例如，预期增益导致股价上涨，而看涨的股价又会进一步强化未来收益增长的预期，形成正的反馈回路。因此，股票市场价格对信息高度敏感。

（6）对单个投资人而言，信息不可能是完全和对称的，这种专业知识和信息量高度不对称的弱势地位，往往会助长投资人对群体信息的认同和依赖。股市交易的公共性和公开性，保证了这种认同和依赖。最终决定股票价格的是投资人的群体行为。同时，股市价格的自强化还会产生在投资人个体行为向群体集合行为转化的过程中。例如，单个投资人行为对个别股票价格的影响，还会通过股价指数而影响整个股市的形势，从而进一步强化投资人的抉择。这个正反馈的泡沫过程最终会带来"集体的歇斯底里"。

重要的是，投资人个体行为向群体行为转化的系统特征，我们不可能也不需要单纯通过精细地了解个体行为来描述投资人的宏观行为，他们遵循完全不同的规律，描述群体行为的工具是复杂大系统理论，而不可能是心理学或行为科学。

由于证券市场对流动性和风险溢价的过度追逐，它表现出最大的投机性和易变性，股票市场价格瞬息万变；同时，功能强大的电子交易系统和不断发展的信息技术保证了股票交易市场的流动性、公众性和高效性。因此，在股票市场比一般商品市场更充分地表现出价格的本质特征：①泡沫化；②虚拟资本化；③非理性；④高度不稳定性；⑤信息决定性；⑥群体行为性。同时，股票市场的高频数据也为经济学研究价格机制提供了最好、最充分的样本。竞争市场的资产定价是现代金融经济学的核心问题，也成为 20 世纪 80 年代以来西方主流经济学关注的焦点。

三 "有效市场假说"

1952 年哈里·马科维茨发表了他的著名的论文《证券组合选择》，由此开创了"投资革命"的新时期。马科维茨的投资组合选择理论和收益风险的均值—方差模型；比尔·夏普于 1964 年在简化马科维茨模型基础上建立的资本资产定价模型（CAPM）；尤金·法马于 1965 年提出的"有效市场假说"和多因素套利定价理论（APT）；以及后来在 20 世纪 70 年代费希尔·布莱克、迈伦·斯科尔斯和罗伯特·默顿提出期权定价公式，并建立了金融衍生产品发展的理论基础，这些构成现代金融理论（或者说新古典金融理论）宏大体系的主体结构。而在 1990 年，哈里·马科维茨、比尔·夏普、默顿·米勒因金融经济学理论开创性的成果获得诺贝尔经济学奖以后，新古典金融理论成为广义经济学的一部分，并成为西方经济学的主流。在为这个理论体系做出重大贡献的学者中有八位曾获诺贝尔经济学奖。

有趣的是，这些理论家们大多关注"资本理论"的实际运用，他们往往会作为投资银行顾问、对冲基金的共同管理合伙人或投资组合公司合伙人涉猎具体的商业活动，或者施展华尔街金融工程师的天才设计衍生工具的创新产品。从而使这些理论部分成为全球性标准，并为许多机构投资者、养老基金、对冲基金和市场交易人广泛应用。一些世界知名的投资银行如高盛、摩根士丹利公司都会规范、程序化地应用这些研究成果。如价值线（Value Line）和美林（Merrill Lyuch）这些公司都曾计算、出版和出售许多公司的 β 值，β 值是传统资本资产定价模型中衡量市场风险的基础标准。1997 年，瑞典皇家科学院伯蒂尔纳斯兰德教授在致辞中评价布莱克—斯科尔斯公式解决风险溢价的方法时指出，该公式在芝加哥被应用到新的期权交易中，每天成千上万的交易者在市场交易中使用该公式，"正是这种方法导致新金融产品和市场产生了爆炸性的增长"。

但是，也许在应用这个源自概率论的华尔街理论的实际案例中，失败比成功更多。作为成功案例则是斯科尔斯在 1999 年创立了 Platinum Grove。该基金业绩不错，获得平均每年 9.6% 的费后回报，高于现金等价基准 6.5 个百分点，年波动率仅为 4.5%。斯科尔斯在对冲基金管理过程中"很少使用资本资产定价模型，但是市场有效性假定解释了他为什么坚持不以'错误定价'为投资的基础，而是以投资者因避免风险而创造的价值为基础，因为他们需要避险，使得别人替他们承担风险变得有利可图"。① 很明显，他的这些策略完全来自新古典金融理论的基本理念，即"有效市场假说"。

作为现代金融经济学的理论基础，"有效市场假说"的一个强的表述

---

① 彼得·L.伯恩斯坦. 投资新革命［M］. 高小红，等，译. 北京：机械工业出版社，2008：89.

是，风险资产的市场价格始终等于它的内在价值（即风险资产未来收益的折现值）。也就是说，在"有效市场"上，"价格就是正确的"（The Price is Right）。这个市场有效性的假定必然会引申出其他的一些结论。

（1）既然在"有效市场"上风险资产的市场均衡价格总是正确的，那么所有有用的信息注定都已嵌入价格之中。也就是说，投资者在完全信息的状态下可以无偏地估计风险和收益，并在一定风险下达到收益的最大化，因此，可以定义投资者的行为和预期都是理性的。

（2）如果股票市场价格已经包含了所有的信息，那么就没有任何人可以通过收集信息而获得超过市场平均风险溢价的额外收益。这意味着人们通过买卖股票不可能获得超额利润，在长期我们可以获得贝塔（市场风险溢价），但不可能获得阿尔法（超越市场的回报）。

（3）"有效市场假说"认定当前的股票价格已经包含过去所有信息及投资者的理性预期，只是一些无法预测的信息才引起价格的变化，所以股票价格的变化是无法预测的，或者说任何个人都无法减小预测误差。因此，t 时刻以前的任何信息对以后的预测没有丝毫用处，也就是说今天的股价同明天的股价完全无关。

（4）如果只是一些不可预测的信息使市场价格偏离均衡价格，而投资人的理性行为又总会及时使偏离的价格回到均衡，那么在资本市场上就不可能出现非理性的暴涨—暴跌，也不可能出现长期的资产价格泡沫。

（5）根据资产组合选择理论，个人和机构投资者可以持有资产组合，通过持股多元化来分散风险，但在"有效市场假说"条件下，股票收益由竞争市场上理性投资人的行为来决定，均衡收益完全反映了所有的公开信息，投资分析师也就不可能使用公开信息优化选择过程。那么，进取型投资管理人就是多余的。

（6）如果按这个假说定义的市场有效，政府干预就是没有理由的，它除了干扰市场的均衡外没有任何好处。但是，系统风险却要求政府在金融机构面临破产的时候进行救助。

我们可以看到，这个因资本资产定价模型预测而定义的"有效市场"同实际的股票市场大相径庭，那么，究竟是市场无效还是"有效市场假说"无效呢？这里我们似乎可以看到经济学的自负，同"资本理念"相悖的市场现象被称为"市场异象"或者说"市场无效"。

四 股价不掷骰子

如同一般均衡理论中的齐次性一样，"有效市场假说"也只是应经济理论使用的数学工具形式化条件的要求而产生的问题，并不是一个真实的经济学命题。正如彼得·L.伯恩斯坦所说，"有效市场的定义就是依资本资产定价模型的预测所产生的"。

哈里·马科维茨的投资组合选择理论是新古典金融理论的基础，特别是资本资产定价模型的基础，其最关键的数学工具则是权衡资产收益风险的均值/方差最优化方法。马科维茨把风险作为整个投资过程的核心，任何一种证券资产的未来投资收益都具有不确定性，它是一个随机变量。证券承诺的收益率或者投资人预期的收益率往往与实际收益率之间存在偏差，从而带来风险。因此，要建立一个最优的投资组合，必须事先对个别证券的预期收益和风险做出估计。传统资本资产定价模型用风险资产未来收益不同估计的加权概率平均值，即用数学期望来描述它的预期收益，用方差来衡量资产风险的标准。

在资本资产定价模型或关于理性预期的文献中，广泛使用条件概率分布，以信息集合 Ω_t 为基础的条件期望定义为：

$$E(X_t \mid \Omega_t) = \int_{-\infty}^{\infty} X f(X_t \mid \Omega_t) dX_t \qquad (4.1)$$

$f(X_t \mid \Omega_t)$ 是条件概率密度函数。例如，在期权定价模型的推导中，假定条件概率密度函数为对数正态分布函数。

式（4.1）条件期望可以视为随机变量 x_t 基于所有相关信息 Ω_t 的最优预测。条件预测误差的定义为：

$$\varepsilon_{t+1} = X_{t+1} - E(X_{t+1} \mid \Omega) \qquad (4.2)$$

平均来看，它始终为零，对式（4.2）移项，得：

$$X_{t+1} = E(X_{t+1} \mid \Omega_t) + \varepsilon_{t+1} \qquad (4.3)$$

可以将式（4.3）解释为条件期望是终端价值的无偏预测。条件数学期望的另一个性质是，预测误差 X_{t+1} 与 t 时刻及之前的所有信息不相关：

$$E(\varepsilon_{t+1} \Omega_t \mid \Omega_t) = 0 \qquad (4.4)$$

即条件期望的正交性。也就是说，最优条件预测就是最终预测，而后续误差是不可预测的，我们无法用 Ω_t 来减小预测误差 ε_{t+1}，即不能对最优预测进行改进。

这样，理性预期及其数学逻辑表明现值 X_t 就是最优预测，因为股票价格现值已经包含了完全的信息，即：

$$E(X_{t+1}|\Omega_t) = X_t \qquad (4.5)$$

那么称 X_t 为鞅，其随机过程也就是一个公平赌博。例如，为抛掷一枚同质均匀硬币下注的游戏，出现正面获得一元偿付，出现反面就赔付一元。前后两次投注的结果没有任何关联，公平赌博具有零预期收益的性质。

我们可以看到，投资组合选择理论使用资产收益风险的均值—方差分析方法以及资本资产定价模型的理性预期假定的数学逻辑决定了对条件数学期望而言，无偏性、正交性、迭代期望三者必然成立。用经济学语言来表述这些数学性质，就是"有效市场假说"的基本含义。其基本思想是：

（1）所有投资者按照确定价格的均衡模型行事；

（2）为确定股票的内在价值，所有的投资者以相同的方式对全部信息进行加工，但预测误差与此刻前的信息不相关，预测误差是不可预测的；

（3）在一个"公平赌博"过程中投资者不能获得超额利润。

因此，"有效市场假说"只不过是由资本资产定价模型的数学工具来定义的，它不是一个真实的经济学问题。当这样定义的市场同经验事实大相径庭，甚至完全相悖的时候，我们当然会怀疑使用这种数学工具是否有充分的理由，从而它的有效性也是可疑的。20 世纪 80 年代以来，越来越多的经验事实开始困扰"有效市场假说"，这就是著名的"市场异象"。因为真实的市场有时完全背离正统金融经济学的结论，这种局面催生了行为金融理论。

事实上，新古典金融经济学的均值—方差分析方法的第一次推动来自 1738 年丹尼尔·伯努利（Daniel Bernoulli）的《关于风险衡量的新理论》和 1900 年法国数学博士路易丝·巴彻利尔（Louis Bachelier）完成的博士论文《投机理论》。

1952 年马科维茨发表了著名的论文《证券组合选择》，提出了组合均值—方差理论，用证券组合的均值代表期望收益，用方差代表组合的风险，以达到一定风险水平上收益最大的资产组合，或者一定收益条件下最小方差的资产组合。这里，理性预期的数学逻辑要求股票价格必然服从鞅过程，其收益也必须是一个公平赌博。

而随机游走模型则来自期权定价理论。1900 年巴彻利尔推导第一个期权看涨期权定价公式时，就假设股票价格服从随机游走。此后，期权定价理论没有什么重大发展，直到 1961 年斯普伦克尔（Sprenkle）假设股票价格服从对数正态分布，具有固定的均值和方差，并由此推导出期权定价公式后才迅速推进。1973 年，布莱克和斯科尔斯提出著名的布莱克—斯科尔斯期权定价公式，仍然假定股票价格的 n 次变化（上升或下降）不是呈二项分布，而是对数正态分布。爱丁堡大学的唐纳德·麦肯齐（Donald Mackenzie）教授曾把布莱克—斯科尔斯—默顿期权定价模型称为"数学方法的创世纪应用"，而法马则称之为"20 世纪经济学上最重要的革命"。布莱克于 1995 年英年早逝，斯科尔斯和默顿获得了 1997 年诺贝尔经济学奖。

所有这一切表明，股票价格变化服从鞅过程，或限制条件更多的随机游走远远不是一个经严格证明的结论，而是经济学的一个假定，并在很多场合同经验事实相悖。因为仅仅在"有效市场假说"的前提下，股票价格才能服从鞅过程，或者当无风险利率和风险溢价都是常数且红利为零时，在"有效市场假说"的条件下，股票价格（取对数）遵循随机游走。关键仍然是"有效市场假说"。因为，必须虚构"有效市场"才能保证使用回归和方差分析方法的充分正当性，而这正是理性定价模型的基础。

20 世纪 80 年代以来，特别是 1987 年 10 月 19 日的黑色星期一，股价一天之内下跌 20%；而从 1995 年末到 2000 年 10 月，股价却出现 140% 的增长，在 2003 年 2 月又出现 44% 的下挫，这些现象完全无法用随机游走来解释。"有效市场假说"面临越来越多的"市场异象"的严重挑战。股票价格的动态模型远不是一个鞅过程的公平赌博，股价不掷骰子。股票价格不是独立互不相关的，相反它序列相关，昨天的价格会影响今天的价格，今天的价格又会影响对明天价格的预期。

特别是早在 21 世纪 80 年代就有经济学家对此提出过批评，既然理性定价模型认定股票价格是由未来资产收益的预期决定的，那么不同时期的价格和资产收益就不可能形成独立、同分布的正规随机变量序列。在这种前提下，模型使用最小二乘法的统计推断就没有充分的理由。这是一种非常理想化的做法，它意味着"全面的不变性"。

20 世纪天才的数学家伯努瓦·曼德勃罗（Benoit Mandelbrot）在 2004 年出版了《市场的不当行为》，他从数学角度论证了基于有效市场假说和理性定价公式的标准统计模型不可能正确，它们对 1987 年股市暴跌的"黑色星期一"和 1998 年的对冲基金危机根本不可能做出任何解释。

在第五章我们将讨论价格理论的微观基础，即股市均衡价格及其涨落的概率描述。进一步的分析表明，仅仅对均衡价格而言价格行为可以是一个鞅过程，或者在极限的情形用正态分布来近似地描述。但是，在市场远离平衡态约束下股价动态模式则是完全不同的非线性过程。

五 "市场异象"

"市场异象"也许是一个不太准确的表述。由于"模型不能对现实进行完美刻画，因此总是存在一个'残差'——整个数据集中有一些不能被模型解释的因素。如果这些'残差'拥有系统性模式，那么我们就称其为异像或谜。"① 但是，如果理论模型和现实出现系统性的背离，那么"奇异"的是市场，还是企图完备描述市场的模型呢？就我们已经观察到的那些"市场异象"，对真实的股市而言，是再自然不过的事情。不正常的绝不是市场，而是关于市场的理论。

20 世纪六七十年代，理性定价模型和有效市场假说相互印证构成的现代金融经济学的完备体系得到不少实证检验的支持，新古典金融理论在西方主流经济学取得接二连三的胜利，而且理论的应用也以"令人窒息的速度发展"。但是 20 世纪 80 年代以来，与现代金融理论相冲突的实证研究风起云涌，大量的"市场异象"使新古典金融理论面临"证伪"（这里不是波普尔"证伪主义"的含义）的致命威胁。

作为"市场异象"的一个典型案例就是格罗斯曼—斯蒂格里茨悖论。根据有效市场假说，股票价格已经包含了所有的信息，那就没有任何人可以通过收集信息而获得超过市场平均风险溢价的额外收益。而格罗斯曼和斯蒂格里茨则对有效市场假说的结论提出质疑，因为他们在这个结论中发

---

① Keith Cuthbertson, Dirk Nitzsche. 数量金融经济学 [M]. 2 版. 朱波，译. 成都：西南财经大学出版社，2008：290.

现了一个无法解释的悖论。

在完全竞争市场上，如果均衡价格完全反映了所有的信息，那就没有人愿意去搜寻信息，因为信息是需要成本的。但是，如果全体交易者把不愿意搜寻信息视为共识，那么价格系统就一定会有噪声（非理性）交易者，搜集信息就会产生超额利润，因此，交易者个人又必然有搜寻信息的动机。这就是所谓的格罗斯曼—斯蒂格里茨悖论。彼得·L.伯恩斯坦在《投资新革命》中写道，桑福德·格罗斯曼（Sanford Grossman），定量金融战略公司对冲基金的主席，沃顿商学院金融学荣誉教授，在30年前对此论断做出了正式的描述：

> "当价格系统完全反映出全体信息时，人们就不会愿意去搜集信息了。而如果信息是有成本的，那么价格系统中就会存在噪声，以至于交易者能够通过搜集信息获利。如果市场中没有噪声且信息搜集存在成本，那么完全竞争市场就被破坏，因为人们收集信息时不能达到市场均衡。"①

事实上，如果你勤于观察，收集信息并能持续地承担风险，那就有可能在特定时期中寻找到获利的机会，即使在经过风险和交易成本（包括信息成本）调整后，仍然可以得到超额利润。这使有效市场假说陷入自相矛盾的艰难境地。

这些代表性的"市场异象"还有众所周知的"日历效应"，如周末效应是指股票价格从星期五收盘到星期一开盘之间会出现系统性下降的事实。实证研究表明，在包括中国和美国在内的许多国家的股票市场中，股票在星期一的收益率为负值的概率明显高于为正值的概率，而股票在星期五的收益率则明显高于其他交易日。

另外，还有所谓的"一月效应"，即股票的每日收益在一月的前几天通常都是出奇的高，"一月效应"通常出现在一月的头5个交易日，并且似乎大多集中在中小公司股票上。在关于"市场异象"的文献中，日历效应还有节假日效应、月效应中的周效应等。

既然"日历效应"是系统性的，那么"周末效应"和"一月效应"

---

① 彼得·L.伯恩斯坦. 投资新革命 [M]. 高小红，等，译. 北京：机械工业出版社，2008：26.

都是明显可预测的。因此，从预测的角度来看，股票收益取决于所获得的信息。因为收益部分可预测，股价风险也就不是独立的，而是序列相关的，理性交易者就可能因此而获利。但是，"有效市场假说"断言，股票市场价格已经包含了所有的信息，没有任何人可以通过搜集信息而获得超过市场平均风险溢价的额外收益。

特别应注意的是，根据"有效市场假说"日历效应导致的股票市场价格对均衡价格的偏离，会因为理性交易者的行为而回归均衡。譬如理性交易者会意识到"周末效应"，从而在星期五高价卖出股票，而在星期一低价买进股票，从而排除噪声交易者而回到均衡。或者，考虑"一月效应"而在 12 月价格低的时候买进股票，而在 1 月份价格高的时间卖出股票以消除套利机会，从而消除"异象"。但是，我们在"日历效应"中没有发现"有效市场假说"认定的回归均衡的理性过程，"日历效应"依然持续地、系统性地存在。甚至在许多场合理性的套利者会认为自己比别人高明能及时解套，或者希望在价位更高时卖出股票而加入噪声交易者推波助澜。我们可以看到，在许多场合"有效市场假说"都和经验事实完全背离。

> "Sullivan，Timmermann and White（2001）注意到，大量的研究发现股票收益存在日历效应，并强调这些效应不是由'偶然'因素（数据挖掘）所导致的问题。他们使用 100 年的每日收益数据（S&P500）来考察 9500 多个可能日历效应，这些日历效应包括文献中所没有报告的一些效应。"[1]

当然这些日历规则的"可预测性"还是一个有待研究的问题。

经典的"市场异象"还有很多，诸如"没有消息的价格变动"表现出来的指数效应；股权溢价之谜；孪生股票价格差异之谜；封闭基金价格折扣之谜；"买入赢家，卖空输家"的动量策略悖论；股票收益均值反转趋势的可预测性和超额利润的存在性问题；美国存托凭证（ADR）国内市场价格持久偏差问题；股票价格的过度波动现象以及"理性泡沫"问题等。尤其股票价格的过度波动问题对股市价格的动态研究具有特殊的重要意义，因此我们要进一步讨论这个问题。

---

① Keith Cuthbertson，Dirk Nitzche. 数量金融经济学 [M]. 2 版. 朱波，译. 成都：西南财经大学出版社，2008：297.

六　股价过度波动性问题

我们先来考察美国从 1915 年 1 月—2004 年 4 月的月度实际标准普尔 500 指数的图形，实际指数已消除了物价指数变化的影响。图 4.1 显示 20 世纪 30 年代大萧条和 2000—2003 年的股灾。股票指数是非平稳序列，它的均值不是常数，而是随时间的上升趋势。图 4.2 是同一时期美国标准普尔 500 指数的实际月度收益，图形似乎较平稳，均值和方差为常数，但较大的异常值分布是不对称的，大的负收益出现频率比正收益高，这也意味着分布不是正态分布。

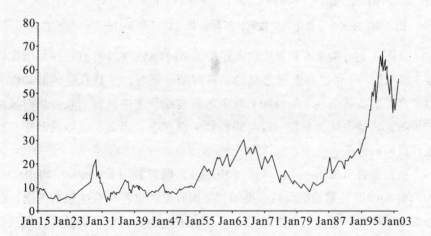

图 4.1　美国实际的标准普尔 500 指数（1915 年 1 月—2004 年 4 月）[1]

---

① Keith Cuthbertson, Dirk Nitzche. 数量金融经济学 [M]. 2 版. 朱波，译. 成都：西南财经大学出版社，2008：51.

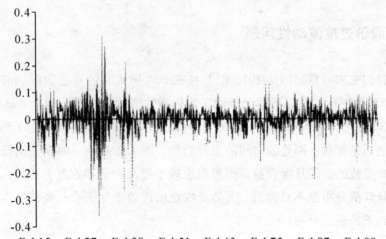

图 4.2　美国标准普尔 500 指数的实际收益（1915 年 2 月—2004 年 4 月）[①]

从图 4.2 可明显看到月度收入经历了 20 世纪五六十年代的平稳时期以及 30 年代、70 年代和世纪之交的动荡时期。同时，一旦收益的波动性变得很高，收益就会在一段时间上处于急剧波动状态中；或当收益相对波动较小时，收益也倾向于在一段时间收敛于该状态。因此，收益波动率具有条件自回归性质。

根据迪森（Dimson）、马什（Marsh）、斯坦顿（Staunton）的 1900—2000 年期间的长期数据系列，英国、美国股票和世界指数（包括美国）的年算术平均实际收益为 7.2%～8.7%，标准差约为 20%。而政府长期债券的年平均实际收益约为 2%，波动率约为 10%～14%，低于股票波动率 20%。而国库券的年平均收益率仅为 1%，波动率约为 5%～6%。代蒙松等在 2002 年对 14 个国家股票、债券和国库券的相对收入考察的结论与上述结论一致。美国的数据表明股票超过国库券和债券的超额收益（即股权溢价）每年分别为 7.7% 和 7%。股票的高收益显然来自高风险回报以及它的流动性，我们曾在"流动性的代价"这一章节中讨论过股市价格因此而呈现出来的那些本质特征，它和一般商品价格是完全不同的。如果说新古典主义均衡理念对一般商品而言，还勉强说得过去的话，那么对股票价格

---

① Keith Cuthbertson，Dirk Nitzche. 数量金融经济学［M］. 2 版. 朱波，译. 成都：西南财经大学出版社，2008：51.

的运行模式就完全没有合理的解释能力。

　　一个典型的案例就是罗伯特·希勒（Robert Shiller）关于股票价格过度波动性的检验。1981 年希勒提出了一种简洁巧妙的方法，根据历史数据和理性定价公式拟合历史时间序列，即完全预见价格。图 4.3 是希勒关于 1871—1995 年期间的数据，点线表示实际股票价格，实线表示根据以消费为基础的理性定价模型，并假设（实际）贴现率为常数计算的完全预见价格。非常清楚这一时期实际股票价格比完全预见价格表现出异乎寻常的过度波动。因此，图 4.3 意味着在常数收益条件下，有效市场假说和理性定价公式与经验事实大相径庭，它们不能成立。

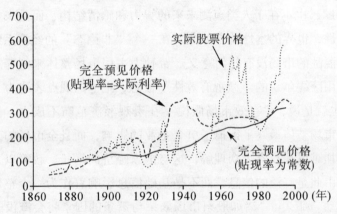

图 4.3　实际股票价格与完全预见股票价格（1871—1995）①

　　当然，在实际贴现率等于实际利率，从而具有时变性时，完全预见价格的波动性（图 4.3 中用虚线表示）比贴现率为常数时的价格波动高得多，但仍然远远脱离实际价格波动，特别是在 20 世纪 50 年代后，股票实际价格仍然表现出超乎寻常的过度波动（见图 4.3）。

　　总的说来，希勒在 1981 年最先使用方差边界不等式进行检验证实了股票价格的过度波动率，结论是果断地拒绝理性定价公式。而他在 1989 年使用红利随机游走模型的蒙特卡罗模拟研究，其数据和结果对实际股票价格而言，都是与"有效市场假说"和理性定价公式相反的证据。因此，希勒关于股票价格过度波动性的研究是"市场异象"的经典案例，并使"有效

---

　　①　Keith Cuthbertson, Dirk Nitzche. 数量金融经济学［M］. 2 版. 朱波，译. 成都：西南财经大学出版社，2008.

市场假说"和理性定价公式面临证伪的威胁。

同时，希勒力图对股价过度波动性做出一个有说服力的理论诠释。按照尤金·法马对"有效市场假说"的概括"在一个有效的资本市场里，价格充分反映了可得的信息"，那么股价的变化只会能来源于市场基本面（如股利、收益、利率等）的新消息。但是，希勒的检验发现股票价格的波动比市场基本因素引起的波动剧烈得多，前者大约是后者的三倍。在"有效市场假说"下股价的过度波动是不可能出现的。可见，股价过度波动的经验事实不支持"有效市场假说"。

在希勒看来，市场整体过度波动的普遍性并不在于投资人是否"理性"的问题，也不在于人类窥测未来的智力和感情结构，而是来自未来的不可预测性，世界的本性就是如此，在一个"非稳态"的经济系统中，均衡理念对混乱的市场没有任何意义。希勒力主用市场整体来解释过度波动性，他借用萨缪尔森的"微观有效性"概念，把他的观点表述为"宏观无效性"。也就是说，"有效市场假说"在宏观经济范畴不成立。他这样写道，因为市场整体最终平衡掉了单个企业的影响，而且全市场的改变更加微妙，更加难以让投资大众理解，这与国家经济的增长、政策以及相关事件有关。由此是广泛的信息，而不是基础信息影响着作为一个整体的市场的股价波动。那么，"诸如股票市场繁荣与萧条的因素将会淹没未来股利信息在决定价格中的作用，并使得简单有效市场模型成为整个股市的一个糟糕近似。"① 后来，希勒和韩国的 Jeeman Jung 使用 49 个公司在 1926—2001 年间的一个小样本进行的检验，以相当显著的统计性强有力地支持了他的宏观无效性观点。

毫无疑问，希勒对股市价格过度波动性的宏观解释是一条正确的研究路线，并同凯恩斯一脉相承。凯恩斯一直认为，理性预期是不可能的，也是不必要的，"因为，我们积极行动的很大一部分系来源于自发的乐观情绪，而不取决于对前景的数学期望值"。投资者的决策更多地是揣测其他投资者可能会怎样抉择。他用选美竞赛来比喻这个过程，每个人不是根据个人判断力来选出最漂亮的人，而是用智力来推测一般人选择的标准是什

---

① 彼得·L. 伯恩斯坦. 投资新革命 [M]. 高小红，等，译. 北京：机械工业出版社，2008：58.

么。说到底是一个群体抉择的宏观问题。

希勒证明了过度波动的广泛存在，他的"宏观无效性"也部分地解释了过度波动性产生的原因，但是，显然这还远不是一个完备规范的理论。希勒非常清楚，这种"大众系统性考虑和直觉模型的缺乏"导致的失败同投资者的非理性无关。股价的波动性远大于由市场基本因素引起的波动，但是"我们并不知道波动性应该是多大甚至不知道能够是多大"。因此，希勒必须随时回到行为金融的出发点，去研究人类的复杂性，研究其他因素对人类抉择的影响。

如果考虑20世纪80年代以来频繁出现的全球性股市灾变，如1987年10月19日的"黑色星期一"，道·琼斯指数日跌幅达到创纪录的22.6%；1997年10月27日的新兴市场危机；1998年8月31日俄罗斯银行危机引发的股市暴跌；2000年互联网泡沫破裂以及2008年金融危机冲击引发的股市暴跌。当我写到这里的时候，2010年5月6日美国股市暴跌并冲击全球市场，至于其原因，一种说法是因为交易员手指笨拙不小心制造了一笔数额巨大的交易！另一种说法则是希腊债务危机愈演愈烈之际，与货币有关的投机活动引发了一个电脑自动化交易程序。真是匪夷所思！无疑，这些事实是和"有效市场假说"以及理性定价模型完全悖逆的。同时，希勒的"宏观无效性"以及行为金融理论也无法合理地解释这些股市灾变。看来经济学亟须一个透彻的关于群体抉择行为的理论和模型，以便无矛盾地解释这些现象。这需要我们把讨论引向另一个"市场异象"，即投机性泡沫问题。

七　"理性泡沫"

一般而言，泡沫是指市场价格因投机目的而持续地过度上涨的现象，如1636年荷兰的郁金香泡沫。16世纪中期郁金香从土耳其引入西欧，对这种绚丽花卉的狂热追求成了社会时尚，导致郁金香价格疯狂上涨。人们开始利用郁金香投机，只要价格不断上涨就总有出更高价格的下家，人们购买郁金香已经不是为了它的观赏价值，而仅仅作为赚钱的筹码。这种丧心病狂的投机终于破灭，1637年2月价格下降到最高价的1%，价格崩溃使成千上万的人倾家荡产。18世纪又出现英国的南海股票泡沫和法国的密西西比泡沫，20世纪90年代日本的房地产经济泡沫和美国的纳斯达克高科技股泡沫等。

"理性泡沫"则是指"理性投资者"利用噪声交易者的错误定价推波助澜，制造出虚假的非理性繁荣后牟取暴利的现象。按照"有效市场假说"当理性投资者发现价格高估的资产后，应该卖掉这只股票并获得市场的平均利润（扣除风险收益和交易成本），从而使市场价格回归均衡。但是，实际上这些理性投资者不是及时卖出这只股票，而是认为这是可以赚到更多钱的机会，他们会认为自己足够聪明，可以在更好的时机及时退出。因此，他们会加入噪声交易者人群去推高错误定价。

我们在每次股市泡沫中都可以发现这种"理性泡沫"，如伦敦的Hoare银行在1720—1721年间一直购买南海公司股票，当时南海公司根本没有足够的收益来证明其高估的错误定价，直到1721年8月才清算头寸，泡沫在10月破灭，Hoare银行安然渡过了著名的南海泡沫。而在1998—2000年的高科技股泡沫中也是这样，虽然当时互联网过热和泡沫表现已经非常明显，但是许多对冲基金仍然重仓持有高科技股。令人称奇的却是，这些基金集团都在股价暴跌之前将其股票一只一只地减持，成就了对冲基金的骄人业绩。当时一些经营较好的对冲基金每年的投资回报率可高达30%～50%！对冲基金超越市场的表现使它成为人们顶礼膜拜的偶像。也许正如普林斯顿的布鲁纳米尔（Markus Brunnermeier）和内格尔（Stegan Nagel）的结论："短期（在非理性环境中）利用价格泡沫对于理性投资者来说是最优策略。"[①] 这无疑是和"有效市场假说"不相容的。

"有效市场假说"和理性定价模型认定套利是市场理性回归均衡的重要因素，从理论上说的确是这样。因为套利意味着投资者在买入—项看涨资产的同时出售另一项看跌的相关资产，所以总体上套利可对冲市场的系统性风险涨跌无忧。如果他买入的股票价格如愿地上涨，卖出的股票如愿地下跌，那他就可能获得超越市场的利润。"有效市场假说"总是认定理性投资者会发现这些机会，并且他们总是有充足的资金一拥而上，很快这些套利者买入低价股票而卖出高价股票的行为就会使两个价格趋于一致，

---

① 彼得·L.伯恩斯坦. 投资新革命 [M]. 高小红，等，译. 北京：机械工业出版社，2008：24.

套利的机会也就随之消失。这种情况下套利实质是无风险的交易，普遍的套利行为必然导致"无套利条件"，市场回归均衡。因此，"有效市场假说"下不可能出现股票价格的过度波动，更不会出现自我催生的资产泡沫。

但是，情况不是教科书上说的那样，事实上金融市场上的套利者并不总是有充足的资本，同时他们还必须承担高昂的交易成本，在事与愿违的情况下，他们还必须承担很大的风险。更为重要的是，"大多数的套利行为并不是大量投资者发掘错误定价的过程，而是少数拥有复杂专业知识的投资者运用策略来管理大量资金的过程"①。本质上这是一个投机的过程，因此套利行为存在很大的限制。当错误定价出现后，套利者既可能无能力也可能是不愿意消除套利机会。特别在套利盛行的卖空交易时，套利者存在极高昂的融资交易成本，并承担无限（因为价格上涨是没有限制的）风险。正如我们在讨论理性泡沫时分析的那样，套利者可能会隔岸观火，更多的情况下，他们可能会加入噪声交易者推波助澜进一步推高已经高估的价格。当其他投资者也因为价格上升而追涨，这种连锁的疯狂的投机行为将以正反馈的方式积蓄能量，一波接一波地推动涨势，形成巨大的价格泡沫。20 世纪 90 年代的互联网泡沫中，对冲基金就十分热衷于在两个高科技公司股票之间套利，并人为地持续和扩大套利机会，直到 2000 年 3 月后高科技股泡沫破灭。而不是"有效市场假说"认定的那样，套利行为会很快地消除套利机会并回归理性。不断反复出现的资产泡沫充分证明了"有效市场假说"不能成立。

面对股市泡沫之类市场异象的严重挑战，现代金融经济学理论也不断地进行修正和改良，指望能给"理性泡沫异象"一个合理解释。当然这些修正是在坚持"有效市场假说"理念基础上对数学工具的改进。即在投资者同质且理性，市场信息有效的假设下考察股票的市场价格如何偏离基础价值。首先设定股票市场价格等于股票的基础价值加上一个"泡沫项"，主导股票价格的过程由欧拉方程描述，泡沫必须服从鞅过程，泡沫是公平赌博，不允许超额利润存在。由于欧拉方程只决定了价格序列，而不是唯

---

① 彼得·L.伯恩斯坦. 投资新革命 [M]. 高小红，等，译. 北京：机械工业出版社，2008：21－22.

一解。因此，原则上欧拉方程不能排除价格包含爆发性泡沫的可能性。在交易者完全理性的前提下，真实的股票价格也可能包含泡沫因素。其他的最新研究还包括泡沫以非线性的方式依赖于基础变量（如实际红利水平）的"内在泡沫"模型，代理人对总体参数的估计值进行最优化更新的"学习机制下的价格"以及存在状态"突变"的模型。

就以欧拉方程主导的理性泡沫模型而言，泡沫对基础变量模型和理性定价公式完全是外生的，硬加上去的。我们只知道价格的时间序列，完全不知道泡沫是怎样形成以及怎样结束的。并且这些改进模型的检验都没有得到稳健的数据支持。更重要的是，理性定价公式与过度波动以及持续增长性泡沫的不相容是源于"有效市场假说"的基本理念，外生地增加一项必须是鞅的"泡沫项"的欧拉方程于事无补。新古典金融经济学理论不可能对投机性泡沫做出一个合理解释。

有意思的是，当经济学家遭遇不可逾越的难题时，他们总会转过身去，求助其他模糊学科，如同亚当·斯密皈依伦理学、凯恩斯皈依心理学一样，这次经济学不得不皈依行为科学，或者像索罗斯那样求助于认知的哲学，也许下一次经济学危机时就不得不皈依神学了。不过近来一门新兴学科——神经经济学正在引起人们的关注。

"真正的定律不可能是线性的，而且也不可能从这些线性方程中得到。"

——阿尔伯特·爱因斯坦

第五章　非线性价格模型

这一章将建立价格理论的微观基础，即对均衡价格及其跃迁做概率描述。并在此基础上讨论股市价格动态的逻辑斯蒂方程，它具有更良好的描述和预测能力。同时由此能够发展一种可以取代新古典主义微观经济学基础的新范式。

一　行为金融理论

20 世纪 80 年代，对不断出现的同现代新古典金融理论相矛盾的实证研究和"市场异象"经济学家还没当一回事儿。如默顿·米勒说的那样，"可怜的孩子们能做些什么呢？金融领域现已成为一个成熟的领域"。但是在世纪之交，行为金融理论研究有了爆炸式的进展。2002 年，行为经济学的奠基人之一丹尼尔·卡尼曼获得诺贝尔经济学奖，行为金融理论终于确立了它在主流经济学中的地位。

如果从投资人的决策行为考察，那么理性预期必然是现代金融经济学的基石，"有效市场假说"认定证券价格在任何时候都是基于当时所有可得的信息做出的正确评估，价格的变化仅仅来自市场基本面不可预测的消息。因此，所有的投资人都必须是理性的交易者，他们能迅速地获得并正确处理那些决定资产价格和收益的相关信息（如未来红利、利率等），并相应地调整价格。因此，无论在风险承受能力还是在信息获得方面，理性交易者之间不存在不同的比较优势，就这一点而言，他们是全同的。从而在有效市场上没有机会获得超额利润。在这种情形下，大众的判断就最接近于你所能找到的对未来最正确的估计，因此价格总是正确的。即使因为未来不可预测的意外而出现差错，理性交易人也会通过他们的套利行为很快消除差错（均值反转机制）回归均衡。因此，大众的判断不会犯系统性的错误，他们既不会过于乐观也不会过于悲观。

我们很容易发现这个系统的理性假设同真实的市场大相径庭。事实上，主张"有效市场假说"和理性定价公式的经济学家们也不会相信证券市场是用这种方式运作的，投资人会根据理性模型来确定他们决策和操作。例如，斯科尔斯和默顿可能用这种运作方式来操作长期资本管理公司吗？他们仍然遭遇 1998 年 8 月金融危机的滑铁卢，这并不重要。但是，这些为现代金融经济学奠基的权威学者们非常清楚，没有这些理想化的假设他们就别指望建立一个稳定的模型，从而可以放心地运用均值—方差分析和理性定价公式必需的数学工具，重要的是如果最后检验数据表明理论同经验事实符合得很好，那么这些假设就是对真实市场合理的恰当的描述。这也是我们在第一章讨论"假定之战"时提到的弗里德曼的"假定的非现实性"命题，即理论是否足够现实只能看它是否产生了足够好的预测。

20世纪80年代以前金融市场处于一个相对平稳的时期，新古典金融理论的实证检验似乎也很幸运地得到有力的统计支持。但是，80年代特别是1987年10月19日的"黑色星期一"后市场进入一个高波动时期，同"一期检验"的结果相反，与理性假设相悖的经验事实以及规范理论完全不能合理解释的"市场异象"接踵而至，这些否证的威胁是致命的。在理性经济人模型得不到实证检验的支持的时候，我们只能怀疑理论假定的真实性，行为金融理论对现代金融经济学的批判表明应该果断地拒绝"有效市场假说"，也许是时候了。

对于我们前面讨论的过度波动和理性泡沫问题，行为金融理论则从全新的视角做出解释。他们强调对人类行为的研究，并建立了比理性模型更有竞争力的模型。正如丹尼尔·卡尼曼一再重申的那样，他们的成果绝不是对人类理性的攻击，而是对理性经济主体模型的批判，"我们对经验法则与偏差的研究只反驳非现实的理性概念，即理性是全面的不变性"。

所有人都理性地最优化决策的模型完全是一个误导，特别是个人同质化假设要求所有投资人都依据马科维茨模型选择资产组合，具有相同的投资期限并且都是没远见的，具有全同的预期和风险承受能力，因此，无论股票价格如何变化，其投资顺序均相同等。这些过分理想化而近于虚妄的假设同经验事实完全背道而驰，在这些假设基础上建立起来的理论不可能对真实的市场做出正确的描述，因此，出现它不能合理地解释"异象"也就是意料中的事情。行为金融理论则把投资人分为理性交易者和噪声交易者。前者是根据市场的基本因素和理性预期决策的，而后者则是用直觉或推理捷径来决策的非理性交易者。股市价格则取决于理性交易者和噪声交易者之间的相互作用和影响，也取决前者是否模仿后者的行为。

在真实的市场上交易者很难，也来不及正确定价（即价格等于预期现金流的贴现值），因为我们不知道预期的正确分布，也不能确定真实的流动性偏好。而当噪声交易者根据直觉和其他捷径来决策时，必然出现错误的定价，从而为理性交易者提供套利的机会。正统金融经济学理论认为理性交易者的套利行为必然会修正错误的定价，回归基础价值，并把噪声交易者挤出市场。

但是，行为金融理论认为这种情形只是在"有效市场假说"零交易成本和零风险的理想化的假定下才会发生，而在真实的证券市场上是不可能发生的。因为，首先套利是有风险的，如套利者买入的股票价格进一步下跌，或者他没有很接近的替代资产可卖空，即使有替代品也还会有价格上涨的风险。同时，套利的成本可能很大，边际成本随着交易范围和数量的增加而增加，套利者并不总是有足够的头寸和期限消除错误定价。而且当风险是全局性的时候，大量的投资者都无法分散错误定价的风险。由于存在套利的限制，因此市场会出现持续的错误定价。没有一个套利交易者愿意持有大的头寸和足够的时间来消除定价误差，因为套利者属于风险规避类型。

市场错误定价的持续也为噪声交易者的生存提供机会。譬如当市场出现高于基础价值的错误定价时，理性投资者会把股票卖给噪声交易者（他们高估了资产价格）。但是，如果在一些错误消息下投资者普遍追涨，由于存在更高的价格，噪声交易者甚至可以获得高于精明投资人的利润，因为他们承担了更大的风险。于是，不仅会有更多的追随者陆续加入噪声交易者的行列，而且还会有更多的理性投资人模仿或策略性地跟随进入市场，毕竟"随行情交易"（Don't fight the tape）这句华尔街老话总是应验的。心理学的"羊群效应"似乎也证实了这一点。以至于所有的投资者指望，也的确从这个错误定价或者说对基础价值持续偏离的过程中获利，这是一个自催化的正反馈过程。这样，不仅精明投资者不能通过套利行为来修正错误定价，而且会有足够多的噪声交易者推波助澜。疯狂的投机嗜好使得噪声交易者的风险成为系统性的风险，这种风险不可能通过分散投资来消除，而且必须获得超过平均收益的风险溢价。正是这个看涨的投机旋涡使噪声交易者得以生存，前提是不断上涨的价格，只有一次灾难性的崩溃才能使这个过程调过头来修正错误定价，但往往又会过度下跌。过度波动和理性泡沫都是证券市场必然会出现的状态。

乔治·索罗斯用他的"金融市场反身性理论"来分析金融市场的暴涨—暴跌过程，这和行为金融的理性泡沫分析也许异曲同工。

索罗斯认为，人类具有认知功能和操控功能，一旦人类企图操控世界，客观世界的真实面目就完全改变了，这也就增加了人类认知世界的不确定性（这有些像海森堡的测不准原理）。同时，人的认知能力又会同客观环境相互作用，正是这种"双方反身性互动关系"左右了金融市场交易者的行为，也决定了市场的走势。这两种相互作用在一定条件下会自我强化，如金融市场的错误定价的认知会因投资人相应操作而强化，并影响基本面的预期进一步推高市场价格，形成暴涨—暴跌模式。索罗斯这样写道：

> "反身性理论认为，市场价格能影响基本面。那种认为市场总是正确的想法不过是个错觉。这种错觉之所以存在，是因为市场价格既是对基本面的反映，又对基本面产生了影响。基本面的变化会强化预期偏见，这构成了一个先自我强化，最终又自我抛弃的过程。当然，这种暴涨—暴跌的轮替并不总是发生。"①

行为金融理论更多地是从心理学和行为科学的角度考察交易者的决策非理性，从而回答资本理念遇到的"市场异象"问题。但是，索罗斯则更多地从认知的哲学范畴考虑，去寻找市场错误定价的认识论根源，这是对行为金融理论的一种形而上的推进。他既反对启蒙运动哲学家把思想和现实分开的做法，也反对后现代思潮把现实看成一些相互矛盾叙述的集合，从而没有对现实的客观方面足够重视的做法。同时，他还批判逻辑实证主义忽视了判断本身也可能是事实的组成部分这一点。"人的认识天生就不完美，因为人本身就是现实的一部分，而局部是无法完全认识整体的。"②因此，在哲学上索罗斯和理性预期学派是针锋相对的。

同时，行为金融理论对理性经济主体模型的批判，对理性是"全面的不变性"的批判也得到一些行为学和心理学试验的支持。例如，所谓的"赌徒谬误"（gambler's fallacy）、"模糊规避"（ambiguity aversion）、"不变性失误"（failure of invariance）以及"羊群效应"（herd effect）等。

二　群体抉择

"不变性失误"是卡尼曼在诺贝尔经济学奖获奖演说中特别提到的决策行为的心理学试验。这是一个典型的试验。行为金融理论的一些心理学

---

① 乔治·索罗斯. 索罗斯带你走出金融危机 [M]. 刘丽娜，慕相，译. 北京：机械工业出版社，2009：67.
② 乔治·索罗斯. 索罗斯带你走出金融危机 [M]. 刘丽娜，慕相，译. 北京：机械工业出版社，2009：38.

微观基础都包含在这个试验的结论中。

试验要求接受试验者为一个社区应对一种致命的疾病做出决策，如果听之任之，这种疾病会导致 600 人死亡。现在有两套方案：

第一套方案包括：方案 A，200 人将获救。方案 B，600 人都获救的概率是 1/3；600 人都死亡的概率是 2/3。卡尼曼发现在试验者做出的选择中，方案 A 占绝大多数。

第二套方案包括：方案 C，400 人死亡。方案 D，无人死亡的概率是 1/3；600 人都死亡的概率是 2/3。在这种情况下，试验者更多地选择方案 D。

事实上，从理性的角度来看这两套方案是没有区别的，但是同样的试验者在不同的陈述背景下为什么又做出完全相反的选择呢？卡尼曼认为，因为我们并没有处理不确定性的完美方法，人们在抉择时，即使不确定性有高的概率和更好的结局，我们仍然倾向给予确定性结局更多的权重，因此 200 人获救的选择具有"不对称吸引力"。而在第二套方案中，拒绝 600 人中 400 人死亡的确定性则是"不对称的厌恶"，前者是"模糊规避"，后者是"损失规避"。

因此，在这两种情况下试验者的选择都是"既定规则的被动接受"，在第一种情况下他们把决策"框定"于多少人将存活，在第二种情况下他们把决策"框定"于多少人将死去。但绝不是理性思维的不变性，用卡尼曼的话说就是"有限的思维不能达到不变性"。

也许这种"框定"来自人类的潜意识。最近，潜意识的研究受到全世界的关注。它在学习和记忆中发挥重要作用，并且比理性分析更有助于做出困难决定。英国《新科学家》周刊 2010 年 4 月 3 日刊载的《关于大脑的九大问题》一文特别介绍了法国卫生和医学研究所的斯坦尼斯拉斯·德阿纳的一项实验。该项实验表明词语的重要性和是否值得关注是由潜意识自行判定的，而非意识思维决定的，它们之间存在着微妙的相互影响。意识思维并非自由自在的，人们选择的自由实际上被限制在潜意识中。我们日常决策中许多自认为是理性思维的选择，其实不过是直觉或潜意识的结果。

另外，风险承受能力之类的问题似乎具有更大的不确定性。芝加哥大学的理查德·泰勒（Richard Thaler）在他关于不变性失误的案例中，参加试验的学生们在已经得到 30 美元的情况下更多的人选择抛硬币的赌博，而在口袋里没钱的时候大多数学生则选择不掷硬币而获得确定的30美元。泰勒把这种不同的选择归结为"禀赋效应"。也就是说，具有一定财富的投资者更愿意承担风险，而财富水平一般的投资者则更不愿冒险而推动仅有的财富。

有时人们的风险承受能力的改变是源自认知心理的错误。譬如在投掷硬币的博弈中已经连续五次出现正面，人们往往会认为下一次出现反面的概率大于1/2，那么他对出现反面的赌注就会有更高的风险承受能力。我们往往意识不到这种非理性的"赌徒谬误"。

有趣的是，美国《心理学》杂志报道了纽约哥伦比亚大学商业营销教授乔纳森·莱瓦夫的一系列实验，这些涉及触摸的心理学实验表明：被一名女性轻轻触摸肩膀的人选择风险最大的投资品种的可能性较大。莱瓦夫认为舒服感和风险之间的关系可以追溯到我们对人间亲情的最早记忆。

由此看来，风险承受能力绝不是理性模型假定的那样，市场交易者都具有相同的风险承受能力。相反，在真实的金融市场上风险好恶因人而异，因时而异，而且决定风险承受能力的因素非常复杂，各种人类无法完全控制的元素都在起作用。例如，人的情感和本能，以及来自神经生理或知识过程的因素等，而不是理性模型全面的不变性。

近年来开始起步的神经经济学则力图打开人决策过程的黑匣子，不仅仅从行为和心理学的角度，更多地是在神经生理学的基础上更精确地了解人是如何决策的，以及在一些经济行为背后隐藏着怎样的生物原理。神经经济学的一系列测试结果差不多是对理性经济主体模型和最大化原理的黑色幽默。例如，在"最终决定"的游戏中，参与人往往宁可选择放弃收益而惩罚背叛的合作伙伴。

毫无疑问，所有这些有关行为科学、心理学和神经生理学的试验都有力地支持行为金融理论对投资人决策过程的描述，有关个体信念和偏好的经验证据都支持对理性经济人的批判。在资本市场投资人不可能做到严格意义的理性，特别面临极其复杂的问题或者需要及时抉择时，人们往往会依靠直觉或其他便捷的方式决策，甚至一些天生的本能"框定"了行为的非理性。在人类的决策过程中，由潜意识操纵的"瞬间决策行为"是常见的现象。也就是人们常说的"一念之差"。从这个意义上说，我们都是噪声交易者，那么持续的错误定价、套利限制、过度波动和投机性泡沫都是顺理成章的事情。

行为金融学放宽了"全面不变性"的理性经济人的假定，在交易者行为中引入直觉、潜意识、心理账户、异常行为和黑色不确定性等。总之，真实的市场是错综复杂和不断变化的。从而，他们能对"市场异象"做出更合理地解释。如果他们又能建立比标准理论更有竞争力的模型，那么行为金融就一定能打败新古典现代金融经济学。

往往经济学理论的每次进步都是一把双刃剑，得到的也是失去的。行为金融学为理性经济人的"解放"而付出的恰恰是标准理论和理性模型追求的数学的严密性和统一性，要把人类行为的那些黑色不确定性纳入经济学模型，对于新古典主义的传统分析方法而言是无法逾越的，同时要保证数学工具的严密性和统一性也太困难了。因为人是对自己的存在有意识的个体，而且在经济分析中我们总是无法准确断定自相关性陈述的真实性。我们既是演员又是观众。我们不可能用模型来描述纯粹的、不受干扰的个人心理行为。

尽管投资人行为的心理分析以及有关个体信念和偏好的经验证据，都支持行为金融理论对理性经济人的批判，但是，这远远不是最终的解决方案。也许正如索罗斯说的那样，"人的认识天生就不完美"。投资者基于个人心理行为的抉择具有根本的不确定性，无章可循，我们不可能、也没有必要详尽地去描述这些行为。因为，股市价格是由个人投资者的群体行为决定的，它和个体心理行为分别服从完全不同的定律。即使个体行为是理性的，仍然会出现"集体歇斯底里"的合成谬误。我们注意到滕泰先生在《索罗斯带你走出金融危机》一书的推荐专文中写道，"金融资产的价值首先取决于其群体性认识"。或者沿用弦学（String sheory）家阿姆斯特丹大学埃里克·弗尔林登博士的说法，"重力源于某种更基本的东西，就像股市来自个人投资者的集体行为"。最近，印第安纳大学信息学副教授约翰·伯乐恩指出："我们发现，大众情绪走势能够预测道·琼斯工业平均指数每日收盘值的上下浮动，准确率达到87.6%。"

然而重要的是，在微观层面投资人的抉择往往是混沌的、不可预测的；在宏观层面投资人的群体抉择行为则是可观测的，其秩序和相干性也完全来自宏观，并可以用复杂系统的非线性方程来描述。也正是这种集合行为使得复杂系统尽可能地简单化和结构化。因此，行为金融模型如果不用远离平衡条件的系统方法，仅仅在标准模型上增加投资者行为函数只能是权宜之计。

三　行为模型

在行为金融学模型中比较成熟和典型的是以丹尼尔·卡尼曼和阿莫斯·特维斯基的心理学实验为基础的风险决策描述模型，也就是著名的前景理论（Prospect theory）。这类模型中不存在与理性套利者相互影响的噪声交易者，所有的代理人都是同质的，仍然是传统的最优化方法。但是代理人的效用函数不是标准的效用函数，效用不仅取决于消费，还取决于风险资产最近的收益和损失，但他们对损失更为敏感，也就是行为金融理论中著名的损失规避（loss arersion）。如卡尼曼和特维斯基的价值函数。

价值函数不同于标准预期效用函数。它不仅取决于消费，还取决于风险资产的收益和损失（即股票市场上财富的变化），而不是财富的绝对水平。同时，价值函数对损失和收益是不对称的，投资者对损失更为敏感，即他们是"损失规避"型的，非常厌恶损失，因此在损失端为凸函数，在收益端为凹函数。

投资者对损失和收益的价值权重对期望效用的影响并不直接依赖于结果的客观概率 p，而是由 p 经非线性变换调整后的主观概率 $\pi(p)$ 决定的，从而把投资人心理行为因素模型化。当客观概率较小时，$\pi(p) > p$ 表明投资人对小概率事件过度重视，也就是说他们的风险承受能力更低；当客观概率较大时，$\pi(p) < p$ 表明投资人低估大概率事件，也就是说他们有较强的风险承受能力。价值函数和决策权重函数组合构成投资者在不确定条件下的预期效用函数。它的简约表达式为：

$$v = \sum_{i=1}^{n} \pi(p_i) \, v(\chi_i) \tag{5.1}$$

投资者通过最大化 v 来进行决策。

与前景理论不同，另一类行为金融模型则假设噪声交易者和理性交易者之间的相互作用导致使市场出清的均衡价格。具有代表性的是希勒的一个简单模型。但是他明确地拒绝"有效市场假说"（EMH）。

在考虑交易者相互作用的模型中还有一种非常有趣的模型，这就是艾伦·柯曼（Alan Kirma）的"漂亮"模型，与朗（Delong）的模型不同，柯曼模型直接考虑交易者之间的相互作用和影响。柯曼认为总体的结果是由于个人间的互动，以及他们彼此诱导所引起的行为的变化而产生的。系统的状态取决于个体观点受新成员影响而改变的速度，类似昆虫学家发现的"羊群效应"和"传染模型"。

柯曼在1991年使用这类模型来考察汇率等资产可能的行为，资产价格由基本面交易者看法和噪声交易者看法的加权平均结果来决定。价格长期均衡值依赖于控制市场参与者转换率的参数，模型依赖观点的传染和转换来产生快速的大幅价格运动，资产价格有可能长期偏离均衡。实际上，"代理人进行预测的基础不是他自己的信念，而是他所设想的主流观点。模型模拟结果表明，泡沫和衰退具有周期性"①。这一点非常重要，并与观察数据基本相符，同时与凯恩斯的"选美竞赛"的思想不谋而合。也就是说，个体之间的交流和传播可以改变也可以不改变看法，但他们更倾向于猜测主流观点。即参与者的预测并不是基于他们自己的信念，而是在他们所设想的基本面交易者和噪声交易者看法的基础上进行预测。

在行为金融理论中还有许多更为精致的模型，但也许正是这种对数学工具的滥用已经成为行为模型的弊病，模型充分的可靠性和合理性仍然是可疑的。差不多针对每一种"市场异象"都会有一个或多个量身定做的模型，其假设条件都是为了解释某个异象而设定的特例，这种状况是不能令人满意的。同时，所有的行为模型只能告诉我们股票价格与内在价值会出现持续的偏差，但模型不能告诉我们确切的数值。另外，模型通常不能用回归方法和规范的假设检验来验证，而只能使用某种形式的校准和模拟方法。行为金融理论更合理地解释了"市场异象"，但是模型缺乏规范的统一性，这种实用主义路线使得行为金融理论还只是一种就事论事的唯象理论。

行为金融模型的统一性一直是经济学家争论不休的重要问题，但是困扰我们的根源在于行为模型没有一个统一的理论框架。事实上，大多数行为模型只是标准模型的一种改良，其基础仍然是新古典主义的理性模型，只是在这个基本架构上嫁接一些描述经济人心理动因的函数，从而得到不

---

① Keith Cuthbertston, Dirk Nitzsche. 数量金融经济学 [M]. 2版. 朱波，译. 成都：西南财经大学出版社，2008：319.

同于标准模型的结果，以重新解释"市场异象"。例如，在市场出清的均衡价格基础上考虑噪声交易者和理性交易者的相互作用，模型也经常采用效用函数最大化的标准技术，但效用是用行为模型调整后的函数来描述的。较为纯粹的行为模型是柯曼的传播—转换模型，虽然它还远不够成熟，但他力图建立相互作用的经济人系统模型的方法却代表了一种正确的研究路线。

因此，行为金融模型统一的前提是建立一个统一的理论框架，首先就是关于价格理论的微观基础。但是，这个理论不可能仍然建立在新古典微观经济学的基础上，也不可能建立在投资人行为心理学分析的基础上，它需要一个全新的革命性的概念体系。因为"有效市场假说"和行为金融理论都不可能对"市场异象"做出透彻的、令人信服的解释，新理论还没有建立起来，经济学仍然没有一个恰当的理论工具来分析资本主义经济普遍的不稳定性和震撼世界的金融危机。

四 价格微观机制的统计描述

因为教科书是这么写的，老师也是这么讲的，我们总是很自然地"被接受"了那个供给—需求价格曲线以及它们的唯一的交点，从来没有怀疑它们是怎么得来的，因为它和我们日常思维水平的感觉经验一致。但是，这个新古典微观经济学的基础假定，或者说价格理论的微观基础并没有达到逻辑的统一性和简单性。对于一般商品交换而言，它勉强说得过去，不过新古典主义仍然会遇到齐次性和货币中性困难。但是，对于股票市场这个以流动性为目标组织起来的投资市场，具有公众性和公开性，并对信息高度敏感的高频交易来说就完全不合时宜了。在当代金融资本主义的历史时期，传统经济学必须从根本上彻底改变新古典主义微观经济学基础，代之以全新的概念体系，这无疑是经济学的又一次革命。从而使经济学原理以尽可能完善的方式来处理新的经验事实（如"市场异象"），既能更完备地描述一般商品交换，也能更透彻地描述金融市场的现代价格理论以及资本主义经济普遍的不稳定性。同时，其他的经济学分支和局部理论体系都能不矛盾地建立在这个统一的基础之上。

我们在本书第一章第六节"市场的微观结构"中，把价格的微观基础描述为市场交易人随机选择的结果。市场价格不能用新古典微观经济学那个唯一的决定论性的均衡价格来描述，真实的市场价格应该是不确定的动态系统。同时，它也是不可逆的，也就是说它的过去不等于未来，而与时俱变。因此，我们将把均衡价格描述为一个随机进程，而不是微观经济学中供给曲线和需求曲线的一个唯一的交点。

价格微观机制的统计描述包含两个内容：一是均衡价格的微观基础；二是价格变动的概率描述。

我们先考察一个不存在干扰的市场，即交易人之间不存在相互影响，也不会因此而改变抉择，他们是完全独立的，他们并不知道均衡价格的存在，只在每一次交易中，对每一个价格自主地、随机地选择成交还是不成交。因此，每一次交易只有两种可能性，即成功或者失败。无疑对均衡价格成交和不成交的概率 p 相等，都是 1/2。

现在，我们要讨论在一个有 n（n = 0，1，2，⋯n）次交易的系统中，有 k 次成功的概率。对均衡价格而言，成功交易的次数意味着市场均衡价格实现的程度，这是一个典型的 n 重贝努利（Bernoulli）试验。若用 X 表示在 n 次交易中均衡价格成功交易的次数，则 X 的可能取值为 0，1，2，⋯，n。我们知道，这个离散型随机变量表征均衡价格成交的次数，其概率分布服从参数为 n，p 的二项分布 B(n,p)。其概率为：

$$P\{X = k\} = \binom{n}{k} p^k (1 - p)^{n-k}$$

$$k = 0, 1, 2, \cdots, n$$

(5.2)

根据隶莫佛—拉普拉斯定理，当 n 很大时（譬如股市交易的数量级）二项分布向正态分布逼近。

因此，仅仅对于一个不存在相互作用，即交易人完全独立的市场系统，仅仅在市场均衡价格的条件下，可以用资产组合均值—方差理论，资本资产定价模型和期权定价公式等来近似地描述股票市场动态规律，也仅仅在这个严格的条件下"有效市场假说"才成立。

这种随机性使得市场不存在唯一决定的均衡价格，在均值附近存在许多微观涨落，市场价格会围绕均值上下波动，但它总是趋向均值，我们只能描述市场按均衡价格成交的概率。这有些像物理学从经典力学向量子力学发展时面临的局面。

因此，完全不同于新古典主义微观经济学，我们对价格的定义就绝不是供给曲线和需求曲线那个唯一的交点，而是一个区间，一个包含一系列价格的集合 {p}，均衡价格则是该集合中成交概率为 1/2 的价格。由于交易人根本的随机性以及系统不可避免的干扰（噪声），均衡价格必然会随时出现微小的偏离，市场是一个非稳定的涨落系统。

如果市场环境不变，那么系统处于平衡状态，均衡价格在发生偏离后总会回到均衡。新古典主义微观经济学描述的就是这种平衡态。平衡态自然是一种定态，除了微观涨落价格不变，即 $\partial p_i / \partial t = 0$。在这种状态交易人没有任何信息，他们完全无法识别市场的动向。

但是，市场环境必然会发生变化，有时甚至是重大的变化。例如，货币数量、经济景气指数、商品供求等都会发生改变，从而这些市场的约束条件持续的或短暂的作用形成系统的非平衡状态。这时，市场将不再保持细致平衡，价格的偏离不再被压抑，市场变得不稳定而易于改变，对均衡价格的偏离不再总被拉回均值，而可能被接受，甚至被系统放大，跃出均衡势阱，形成新的价格，我们称为市场价格的跃迁。

五　价格跃迁

现在，我们的目标是描述这种价格变化的规律。价格的跃迁是由于市场外部的非平衡约束（如货币数量、经济景气状态的变化）而出现的，我们用取一定值的参数 γ 来描述这些市场环境，参数 γ 的变化不仅影响价格 p_i 的变化，而且还决定了价格的运行状态，它可从外部加以限制。这样，我们可以用一个简约的数学表达式来描述价格随时间变化的规律：

$$\frac{\partial p_i}{\partial t} = F(\{p_i\}, \gamma) \tag{5.3}$$

这里我们要特别强调的是，函数 F_i 虽然具有丰富多彩的形式，但重要的是它是非线性的。诚如爱因斯坦说的那样，"真正的定律不可能是线性的，而且也不可能从这些线性方程中得到"。同时，F_i 必须保证价格的正值性。更详细地分析我们将在以后的章节讨论。

例如，对于一般商品价格动态而言，可以考虑它在 $n+1$ 时点的价格是由该商品的当期价格 P_n、交易人对价格的预期以及货币供给数量的相互作用决定的，这和我们的日常经验相容，无须任何特别的假设。

用 γ 表示货币数量参数，它由基础货币数量、利率、汇率以及经济景气指数综合作用决定。设交易人最高预期价格为 1，则 $1-P_n$ 就表示商品价格变动弹性，显然，如果当期价格 P_n 同最高预期价格有较大差距，那么价格存在较大的上升弹性；如果当期价格已经接近预期价格，也就是 $1-P_n$ 趋于零，那么价格下跌的风险就很大。这样我们有方程：

$$P_{n+1} = \gamma P_n (1 - P_n) \tag{5.4}$$

这就是现代动力学中经典的逻辑斯蒂方程。当然，我们还可以考虑用更多的方式来建立一般商品的价格演化方程。

特别函数 $\{F_i\}$ 的非线性特征，它具有多重解，从而使价格 $\{p_i\}$ 随时间变化的动态特征变得五彩缤纷，譬如收敛于均衡值回到定态；稳定的周期振荡；混沌但有界；发散并导致结构解体。这样，价格 $\{p_i\}$ 随时间的演化模式就可以把均衡价格、通货膨胀以及价格泡沫和股市灾变等作为一个特例包容其中，一般均衡仅仅是市场规律的极限情况。不仅如此，在非线性市场系统中，在参数的一定阈值范围微小的价格涨落和外部扰动都再也不衰减，而可能被戏剧性地放大，形成巨幅涨落。

我们可以看到，一旦非平衡非线性打开了系统的"潘多拉盒子"，潜伏于均衡的价格信号，它的结构和功能便竞相展现。就市场系统而言，非线性可能来自经济系统中的相互作用，来自凯恩斯乘数、货币乘数和加速数形成的正反馈倍增环路，或者来自货币金融系统的周期性扰动等。因此，一个具有成熟金融体系的市场经济系统必然存在普遍的不稳定性。

显然，对于非平衡市场系统，均衡价格成交和不成交的概率相等的条件不再成立，我们也不能根据中心极限定理用正态分布来描述均衡价格在 n 次交易中成交的概率。这时由于外部环境的约束条件对市场持续的作用，在均衡价格成交的概率会急剧降低，从而形成新的市场价格（成交概率最大的价格）。因此，对于非平衡市场体系，价格处于不断变化中，由于存在系统内在的不确定性以及外部噪声的干扰带来的随机性，我们又怎样去判定价格动态序列的概率分布形式呢？这里中心极限定理不再成立。

我们将沿用布鲁塞尔学派 I. 普利高津和 G. 尼科里斯在《探索复杂性》一书中，关于马尔可夫过程的一个很简单的例证来简要地讨论这个问题。如果考察一个迅速变化的价格序列（如股市价格、期货价格），或者用较长的时间（日、周、月）去考察价格长期变动序列，那么价格的变动可视为一小步一小步地跳跃变化的。图 5.1 可表示一个价格集合 $\{p_i\}$，为了简化讨论我们只选用了 5 个价格构成的区间，箭头表示允许转移发生的方向（上涨或下跌）。价格一旦降到最低价 I 或升到最高价 V 即滞留于此，不再下降或上升。但当价格处于 II、III、IV 则不会停留，不是以 q 的概率下降，就是以 1 - q 的概率上涨。对瞬息万变的股市价格而言，显然这不是一个限制性的假定，它同经验事实一致。在这些价位上涨和下降的概率服从两点分布。在前面讨论均衡价格时我们已经知道，平衡态概率分布形式的极限情况是泊松分布或正态分布。

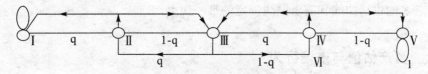

图 5.1　马尔可夫过程图示①

在市场非平衡非线性约束下，我们还是可以如图 5.1 那样对价格跃迁的概率做出描述。考虑在每一个价位的转移概率，并对每一个价位求和，以判定价格上涨或下跌的概率。

重要的是，当价格变化极其迅速或者用一个较大的时间间隔观察足够长的价格序列时，在价格状态数很大的极限情况下，这是平稳独立增量过程，亦是马尔可夫过程。从哈密顿（Hamilton）的研究开始，马尔可夫转换模型在经济学文献中已有广泛的运用。马尔可夫转换模型是一种非线性模型，我们描述市场非平衡约束条件下价格非线性随机动态将有更多的自由，因为它考虑了股票收益分布的非正态性质。

当然，正如我们在前面提到的来自经济系统的各种相互作用和反馈循环导致非线性的出现，因此价格的动态规律非常复杂。式（5.3）仅仅是一个简约表达式，经济学家们最终一定能建立一个考虑供给需求相互作用的，关于价格动态显式形式的非线性方程。在均衡价格附近这些相互作用和反馈是收敛的，而远离平衡时它们将充分释放出来，这将使计算变得很困难。不过，仍然可以采用一些数学上的简化程序并使用计算机模拟。通

① G.尼科里斯，I.普利高津. 探索复杂性 [M]. 罗久里，陈奎宁，译. 成都：四川出版集团，四川教育出版社，2010：172.

过这些高频数据流，可得到市场价格涨落的规律和市场价格的动态模式的一般性图象，并用于检验和预测。

最后要指出，我们讨论的非平衡非线性价格动态系统是针对市场的自组织功能而言的，至于依靠法权对市场的人为干预引起的价格刚性或黏性则又当别论。这里要特别强调涨落的关键作用。如果没有随机涨落，价格将永远囚禁于均衡，正是价格偏离均衡的涨落驱动价格的跃迁，在远离平衡态的非线性约束下，展开它随时间演化的动态历程。

在新的理论体系中，我们将用这种概率描述取代新古典主义微观经济学的基础范式——瓦尔拉斯一般均衡体系——它的简明的表达形式就是那个著名的供给曲线和需求曲线决定的唯一交点。

六　资产估值与市场行为

我们在前面的章节都旗帜鲜明地批评了理性资产定价公式的理论前提——"有效市场假说"，传统资本资产定价模型的可靠性和预测能力是可疑的。当然，理性资产定价理论把风险作为投资过程的关键，从而解决了现金流贴现模型无法解决的风险度量和风险溢价问题。理性定价模型只能在大数法则和中心极限定理的统计意义上，我们才能对未来预期收益和风险的分布说些什么。但是在实际股票市场上根本无法满足这些苛刻的限制，这才导致了"市场异象"。我们在上一节已经知道，只是对设定的均衡价格这些才是有意义的。对股市价格更为重要的则是，由于投资人集合行为和资本市场内在不确定性带来的风险，对此理性定价模型完全无能为力。

同时，对于证券市场，重要的不是对资产的理论定价问题，而是市场对资产定价的认可和反应，市场会用成交量来回答。因此，关键是市场价格随时间演化的动态模式和规律，它在本质上是非线性的。但是，传统的资本资产定价模型不能回答这些问题。它不可能描述作为复杂系统的资产价格的形成和演化过程。

证券的内在价值，或者说均衡价格涉及证券未来收益的预期，也就是风险的度量问题，它在本性上是不确定的。同时，还有许多因素会干扰股票价格的估值。正如彼得·赛瑞斯（Peter Siris）在《华尔街关系》一书中说的那样，"估值是一门艺术而不是一门科学"。合理估值的关键因素：公司未来利润流预测；风险水平；贴现率；资本的使用等都是高度不确定的。同时，还有许多主观的因素会干扰股价的估值。例如，机构投资者为了确保参与申购而高报询价，这就导致过高的发行价以及离谱的市盈率，其结果是新股"批量破发"。发行人和保荐机构为维护自身利益总是力图提高定价区间，而投资者总想拿到尽可能低的价格。低价和供不应求的局面则对投资银行有利，因为这样在后续市场会有更大的交易量，也会提高投资银行的声望。发行定价机制实质上是发行人、保荐机构、投资银行、投资人之间的博弈。"需要记住的是，投资银行家不能确定估值，只有投资者才能估值。"① 因此，重要的不是理论定价问题，而是投资人的集合行为以及市场对资产估值的反应，也就是资产价格随时间演化的动态规律。或者说投资组合的价值不是告诉你未来的不确定事件，而是其他投资人将为你的资产支付多少。

证券市场中资产价格波动最充分最典型地反映在股票市场中，股市价格瞬息万变扑朔迷离，令人兴奋不已，它对无数的投资人具有很大的诱惑力。相对其他商品而言，股市价格的刚性或黏性都很弱。而投资人最重要的素质就是对股市价格未来趋势的判断能力。

股票市场对价格未来变化趋势预测的实际操作主要是通过"技术分析"来达到的。所谓"技术分析"就是分析股市过去和现在的市场行为，从而去预测推断未来的变化趋势。从不同的角度对市场行为进行分析就构成"技术分析"方法的整个体系，而根据市场数据产生的各种图表则是股市"技术分析"的基础。当然，"技术分析"方法在一定的边界条件对投资人正确的决策是会有帮助的。但是，在不了解股市价格形成和演化机理的情况下，"技术分析"的结论只能是经验主义的唯象理论。例如，K线组合形态规律；价格趋势分析中神奇的黄金分割线；价格移动规律的特殊形态；波浪理论中的8浪结构等都是这种经验性的规律，它们都不具备理论的必然性，这些结论本身就是不确定的。

"技术分析"的三大基本假设：假设一，市场行为包括一切信息；假设二，价格沿趋势波动，并保持趋势；假设三，历史会重复。这些理念同传统资产定价模型，同新古典主义的"理性"概念如出一辙，都建立在经

---

① 彼得·赛瑞斯. 华尔街关系 [M]. 杜瑞新，译. 北京：北京大学出版社，2007：94.

典的牛顿力学理论纲领的基础上。也就是说，经济定律对于时间是不变的，过去和未来没有区别，从一个状态只能唯一确定地走向另一状态。因此，这一理论纲领必然讳言突变、自发性和偶然性，它不适合描述复杂的不确定系统，而这些恰恰是股市价格的本质特征。因此，传统理论必然会遭遇"市场异象"，它根本不可能较详尽、完备地解析股市价格形成和演化的机制，当然也就不可能正确预测股价未来的变化趋势了。

行为金融理论虽然通过引入行为和心理因素，更合理地解释了"市场异象"，但是行为金融模型的主流仍然使用新古典主义经济学的标准技术，只不过在传统模型的基础上增加解释"市场异象"的行为函数而已，这种改良主义的理论路线仍然不可能把"市场异象"和均衡价格作为一个特例包含在一个统一的模型中，从而更透彻和完备地描述股市价格形成和演化的动态模式。我们的目标则是在全新的价格理论微观基础上，重建远离平衡态的非线性动态股价模型。它肯定是非新古典主义型的。

七　逻辑斯蒂股价方程

我们将用一种最简洁的方法来模拟股市价格的变化趋势。毫无疑问，股票在 $n+1$ 时点的价格是由股票当期价格 p_n，投资人对股票价格的期望（也就是股价上涨的空间）以及货币状态（它包含货币数量和利率、汇率等因素）之间的相互作用决定的。这同经验事实一致，我们无须做任何特别的假定。

我们需要恰当地选择时点 n 的时间尺度（它可以是秒、分、时、日、月等等），同时对股票价格做归一化处理，设投资人的最高期望价格为 1，相对确定当期价格 p_n 的值。如果当期价格同期望价格有较大差距，那么股价存在较大的上涨动力；如果当期价格已经接近期望价格，也就是 $1-p_n$ 趋于零，那么股价下跌的风险就很大。货币状态参数 γ 为经济景气指数、利率、汇率调整后的货币数量指标，并设参照期 $\gamma=1$。一般说来，货币数量发展的历史趋势决定了 $\gamma>1$，也就是说货币数量是个扩张的不可逆的历史过程。这样我们有逻辑斯蒂映射：

$$p_{n+1} = \gamma p_n (1 - p_n) \tag{5.5}$$

这一著名方程在非线性动力学中已有密集而充分的研究。这个简单的非线性差分方程在许多场合都会出现，它可以描述一个强阻尼受冲击转子的角度，或者用于模拟封闭地区内一个生物种群的繁殖等。也很方便在计算机上逐次迭代，有现成的计算机软件。

差分方程完全以离散时间的形式表述，但我们可以自由选择合适的时间尺度。对于模拟股市价格而言，这优于连续的时间形式和微分方程。

令人惊奇的是，这个十分简单的非线性差分方程具有异常复杂的解。一旦观察到变量的初始值和确定参数 γ（参照期无疑应选择具有划阶段重大意义的时点），递推过程就会自发地产生丰富多彩的动态和选择方式，自发地产生内生的随机过程。从而更充分、更完备地描述股市价格演化的动态过程。

方程的非线性的解显示出具有神奇魅力的特征，我们先简要地描述这些源于 P_n 迭代的规则和不规则的路径，概括来说它依赖于对参数 γ 值的选取。例如，我们选定 P_n 的初始值为 0.4 迭代 60 次（这完全是为了叙述的方便，参数 γ 的选取也是如此，我们的目的是讨论这个理论模型描述股价演化的卓越功能，而不是实际模拟一个具体股票价格的变化过程）。当货币状态参数 γ 为 2.7 时，股价 P_{n+1} 很快地上行到稳态值 0.62。γ 为 2.95 时，股价在上涨到 0.7 后会在 0.62 ~ 0.69 之间波动，振荡幅度递减，并逐渐回归稳态值 0.66。当参数为 3.15 时，P_{n+1} 在短期振荡后，会很快保持在 0.78 ~ 0.53 之间稳定地波动。参数为 3.53 时，股价会出现在 0.88 ~ 0.36 以及在 0.82 ~ 0.51 之间的双周期振荡。当参数 γ 为 3.78 时，股价的动态更为复杂，p_{n+1} 会在 0.19 ~ 0.94 之间剧烈波动，看起来是完全随机的振荡。在 20 次迭代时点，会突然上行到一个稳定值，然后在第 30 次迭代时点又突变到一个随机振荡的状态。

最重要的是，逻辑斯蒂方程的动态模式表明货币数量对股市价格决定性的影响，p_{n+1} 的行为随着 γ 值的增加而变化，从稳定的路径到稳定的周期振荡，再到倍增周期波动，直到动态系统出现混沌，这时系统的变化是不规则并不可重复的。同时，逻辑斯蒂方程稳定性检验表明，当 $1 < \gamma < 3$ 时方程才能产生适合于稳定的均衡状态的股票价格 p_n。

有趣的是，在 $\gamma \geqslant 3$ 时，迭代将经过一系列的分岔，也就是说逻辑斯蒂方程多重解的集合结构出现变化；在 $\gamma = 3$ 以后就不再稳定，会出现一个稳定的 2 - 周期，随着 γ 的增加 2 - 周期变得不稳定，同时一个稳定的

4-周期却出现了，这就是著名的倍增周期过程。如此下去股价动态系统的演化会导致无数个倍周期分岔，周期数为 8，16，32，…，2^n，…的稳定周期依次出现又相继变得不稳定，并为序列中的下一个稳定周期取代，直到 $\gamma = \gamma_\infty$ 时出现无数个倍周期分岔，系统进入混沌状态，并由倒分岔产生奇数 3-周期。同样，这个稳定的 3-周期将经历一系列倍周期分岔，而被周期数为 6，12，24，…，$2^n \cdot 3$，…的周期所取代。当倍周期分岔达到一极限点后，动态系统又会交替产生不规则的阵发性混沌，直到完全的混沌状态。由此我们得到不同周期并存的状态，不过不稳定的解是观察不到的。

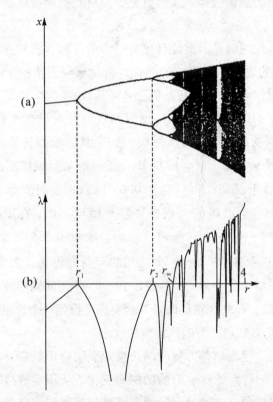

（a）逻辑斯蒂映射的迭代结果；（b）李雅普诺夫指数 λ[1]

（在出现混沌时，李雅普诺夫指数皆为正。注意图中混沌区穿插的狭窄空白处为周期性窗口）

图 5.2

---

① H.G.舒斯特. 混沌学引论 [M]. 朱鋐雄，林圭年，译. 成都：四川出版集团，四川教育出版社，2010：41.

　　实际上，非周期运动和周期数很多的周期运动的区别很小，在股市价格的动态系统中都可以看成是随机的。投资人根本不可能从每时点股价变化的信息中发现这一复杂的周期结构，股价往往被看成完全随机的波动，只有周期数较少的倍周期可能被观察到，如周期−2，3，4等。

　　在证券市场实用的技术分析方法中，艾略特（Ralph Nelson Elliontt）和柯林斯（J. Collins）提出一种神奇的"8浪结构"理论：

　　　　"波浪理论中的周期，时间长短可以不同，一个大周期之中存在小的周期，而小的周期又可以再细分成更小的周期，每个周期都以8浪结构的模式进行。这8个过程完结以后，周期结束，进入另一个周期，新的周期依然遵循上述模式。"[①]

　　无论趋势是何种规模，8浪的结构是不变的，一般前面是以推动浪为主的5浪结构，后面是3浪结构，并根据当前价格在8浪结构中所处的位置来预测未来股价的变化趋势。不过，在我看来，这种8浪结构很可能是逻辑斯蒂方程2−周期的倍增周期结构的"窗口"。

　　更为奇妙的是波浪理论中的斐波拉契数列。如同逻辑斯蒂方程周期解的结构中存在重叠周期一样，波浪理论中处于低层次的几个小浪合并成一个较高层次的大浪；或相反，处于高层次的大浪可以细分成几个层次较低的小浪。有趣的是，这些嵌套的大小浪数同斐波拉契数列中的数字2，3，5，8，13，21，34，……吻合。

　　我们不知道股价的波动是否真的像大自然那些最完美的事物如花朵、晶体等一样，把这个如此优美和谐的数列蕴含其中，以致它前一项与后一项之比逼近最美的黄金分割0.6180339……或者，这些相互重叠的波浪只不过是周期−2和周期−3倍增结构包含的周期数2，3，4，6，8，12，16，24，32，……

　　我们仅仅极其简要地讨论了逻辑斯蒂方程非线性解的粗略结构，但它描述股价动态的功能令我们兴奋不已。而在周期分岔区（$1 < \gamma < \gamma_\infty$）和阵发混沌区（$\gamma_\infty < \gamma < 4$）以及$\gamma > 4$的区域其精细结构则异常复杂，并包含极其重要的信息，即使在混沌区域仍可发现数学上有序的优美形式，甚至比过渡到混沌前的"透明状态"的有序更优美。在数值的迭代中，像费

　　①　吴晓求. 证券投资学 [M]. 3 版. 北京：中国人民大学出版社，2009：309.

根鲍姆常数、迭代对参数和初始值的敏感依赖、噪声对非线性动态系统的影响等，这些都具有极其深刻的启发意义，需要我们进一步深入地研究。特别是描述投机性泡沫并导致突发股价暴跌的动态模式。

八　暴涨—暴跌过程

现在，我们将讨论 γ 值大于 4 的情形，这时将发生重大的变化。

表 5.1　　　　　　　　　　　$\gamma > 4$ 的方程值

$\gamma =$	4.00010
$P_n =$	0.4
1	0.960
2	0.154
3	0.520
4	0.998
5	0.006
6	0.025
7	0.096
8	0.346
9	0.905
10	0.343
11	0.901
12	0.355
13	0.916
14	0.306
15	0.850
161	0.597
162	0.962
163	0.146
164	0.499
165	1.000
166	0.000
167	0.000
168	-0.001
169	-0.005
170	-0.019
171	-0.079
172	-0.339
173	-1.819
174	-20.505
175	********

　　表 5.1 显示了 $\gamma = 4.0001$，而初始值仍然是 0.4 时数值迭代的状况。我们只选用了发生重大变化部分的数值。刚开始迭代 P_n 便震荡上行，如果我们只考察高位数值（因为投资人不会选择低价位，亦不会有成交量），它显然是随机波动，但总的趋势仍然是一个追涨的泡沫过程。对于起初的 167 次迭代，P_{n+1} 值处于预期的 0~1 范围之间。然而出乎预料的是，一旦 P_{n+1} 达到最高期望股价 1（这是一个关键的转折点）之后，P_{n+1} 两次迭代数值为 0（这可视为涨停的特例）；然后 P_{n+1} 的值迅速变成越来越大的负值，呈现一个发散的下行震荡。参数值 γ 越大，这个灾变的突发过程也就越快。对于状态参数 $\gamma > 4$ 的情况而言，似乎所有 P_n 早晚都逃不出这个深不可测的暴跌陷阱。从而描述了一个完整的泡沫过程。

　　每一次迭代所代表的时间尺度非常重要，如果我们恰当地选择时间标度，这个泡沫和灾变的过程既可描述一个交易日，也可描述一年或更长时期的动态过程。我们可以看到式（5.5）表示的一维非线性方程其数值迭代的结构可以把股市行情中股价变化的各种动态：回归稳定的均衡值；随机振荡的上行或下行趋势；完全混沌的非周期波动；投机性泡沫和股市灾变，以及各种市场异象都作为一个特例包含在统一的模型中。

　　从分岔区开始，逻辑斯蒂映射迭代值的行为会变得相当复杂。而在混沌区迭代值的时间路径似乎完全是混乱无序的随机行为，也不可能做出任何有意义的预测。但是，通过更精细的分析，我们发现事实并非如此。首先，这个混沌状态有界，它不是发散的。另外，在混沌区内部不是铁板一块，会有一些有序的结构交织其中，它并不是完全不可预测的，秩序和规律潜伏在混乱之中，必然性潜伏在偶然性之中。这极大地增强了我们预测变幻无穷的股市价格未来趋势的能力。

　　例如，我们在上一节讨论了在 $\gamma_\infty < \gamma < 4$ 的混沌区域，会有一些有序的周期窗口穿插在混沌路径之间。迭代值可能在一个大致相同的周期结构中振荡后，突然出现一个稳定态，周期性消失，然后又突然冒出剧烈的振荡后再次归于稳定。

　　即使在 $\gamma > 4$ 我们用于描述投机性泡沫的暴涨—暴跌模式的完全混沌区，也仍然有一定的规律可循。图 5.3 显示了 γ 值从 3.99 到 4.1，初始值 p_0 从 0.1 到 0.9 迭代的情形。数据是 25 次迭代的结果，条件是在 25 次迭代中不能为负，也就是说股价 p_n 不会出现暴跌过程。如果满足该条件，则在图上画出一个黑点。因此，图5.3中的空白点表示p_n会出现暴跌的迭代过程，图左侧的黑色带状表示参数γ低于4区域内具有良好的稳定性。当$\gamma>4$时，图5.3中的黑点表示混沌区域存在稳定性的位置。我们可以看到，在p_n初始值为0.1、0.5、0.9的地方，有三个尖锋形的空白区，特别在0.5处存在一个更宽大的剑锋形不稳定区。我们可以推断，在存在投机性泡沫状态下，当期股价p_n为0.1、0.5、0.9（特别是0.5）时，其运行动态将更为不稳定，更容易出现暴跌过程。当然，在其他位置也不能保证完全的稳定性（图5.3中仍有空白区），但稳定性却大大增加了。当然，这个推论还没有得到经验事实的检测。不过我相信逻辑斯蒂映射的结论的普适性。

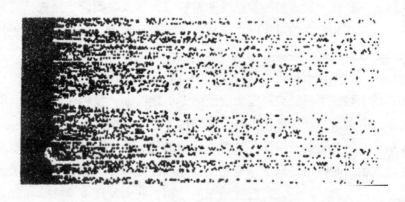

图5.3　混沌区域的相对稳定点①

另一个重要问题是，由于股市价格的细节不可能全部观察到，参数γ也不可能包容所有的状态空间，因此市场总会出现大量的外部噪声。为了定量地讨论这种干扰，我们分别在逻辑斯蒂方程和参数值中添加一个服从正态分布的噪声项ε_t和η_t。令人吃惊的是，

> "克拉奇菲尔德、法默和休伯曼解释说，两个系统事实上是等价的。而且当ε_t和η_t的分布发生变化时，两个系统的行为几乎不发生变化。在所有情况下，该系统在γ点上的行为是它在邻近各个γ数值上决定论系统行为的混和。"②

---

①　理查德·H.戴，等. 混沌经济学 [M]. 傅琳，等，译. 上海：上海译文出版社，1996：281.
②　理查德·H.戴，等. 混沌经济学 [M]. 傅琳，等，译. 上海：上海译文出版社，1996：33.

　　一般说来，当方程的路径是一稳定周期时，由于噪声项的作用，该周期会被扰动。既然这个系统的行为是邻近参数 γ 值混合的结果，许多周期性轨道就消失了。如图 5.4 所示，先出现一个稳定的不动点，然后是 2 - 周期，4 - 周期分岔，随后直接过渡到混沌，不再出现整个倍周期序列。图 5.4 对比了逻辑斯蒂迭代值和存在外部噪声迭代值的图形。图 5.4（a）中的图的一些精细结构，如倍周期结构以及混沌区的周期窗口在图 5.4（b）中都已消失，而变得模糊不清，只能比较清晰地看到 4 - 周期结构，这可能是对股价动态更符合实际的恰当描述，我们不可能观察到数学精度的结构。但其中多周期结构仍具有一定的稳定性。

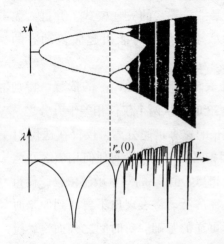
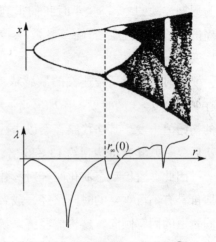

（a）逻辑斯蒂迭代值及其李雅普诺夫指数 λ　　　（b）存在外部噪声的对比图[1]

图 5.4

九　价格动态对参数的敏感依赖

　　在图 5.4 中我们已经看到，对于不同的参数值 γ，逻辑斯蒂映射的迭代值会有完全不同的动态模式。对这些结构的精细解析表明，参数 γ 值的微小变化会极大地改变迭代行为，并具有一些重要的规律性。如果我们用逻辑斯蒂映射来模拟股价变化是正确的，那么综合了多个经济指数的货币

---

　　① H. G. 舒斯特. 混沌学引论 [M]. 朱鋐雄，林圭年，译. 成都：四川出版集团，四川教育出版社，2010：60.

数量参数 γ，对股价运行的动态模式就具有根本的重要性，同时也会极大地增强我们对股价变化的预测能力。我们正处于一个货币结构对资产价格产生决定性影响的时代。

逻辑斯蒂映射迭代结果表明，股价动态时间路径的运行模式是由货币状态参数 γ 值决定的，在一些临界点 γ 值的微小变化都会引起股价运行模式发生根本性的改变。例如，在图 5.2 中的 γ_1 处股价运行的动态模式会从一个稳定态突变为双周期结构。在 γ_2 处则过渡到 4 - 周期，在 γ_∞ 处股价变化则从倍增周期过程突然进入存在无数周期的准混沌状态。而在 $\gamma_\infty <$ $\gamma \leqslant 4$ 的混沌区又会有一些有序的窗口穿插其间，在这些窗口价格变化又成为周期波动的。当 $\gamma > 4$ 时我们得到了暴涨—暴跌的灾变模式，并进入无序的不稳定状态。的确，参数 γ 值的微小变化都可能引起股价动态的巨变。

同时，逻辑斯蒂迭代的敏感依赖还表现为对初始值 p_n 的依赖，特别在参数值 $\gamma > 3$ 的时候。例如，当 $\gamma = 3.78$ 时，从两个仅仅相差十万分之一的初始值出发，其迭代路径会以指数增长的速率迅速分离，仅仅在迭代 21 次后，其差异就可达到约 13 826 倍，两条路径很快就没有任何相似之处。

因此，股价动态演化路径对参数 γ 和初始值 p_1 的双重敏感依赖，使得股价具有不可重复的时间路径，或者说经济活动将表现出不再回到原来时间轨道的固有倾向，这构成经济系统不可逆的基础。对时间之矢而言，过去不等于未来。从而理性预期原则上是不可能的。即使一个极其简单的决定论系统，由于它的非线性特征也不可避免地自发产生内在的随机性，并进入确定性混沌的无序状态。这同外界的随机冲击或者测量干扰无关，而是我们生活的这个世界的本性。

但是，结论绝不是悲观主义的无所作为。因为，虽然我们并不指望能精确地预言未来的股市价格，但可以通过参数值预言股价演化的动态模式，特别是那些具有重大意义的临界突变，或者对各种可能出现的状态做出概率的描述。例如，我们在前面已经讨论过在逻辑斯蒂映射的周期三窗口，会随机地交替产生有序过程和突发混沌的"阵发"现象，最后不可避免地走向完全的混沌。也就是说，当股价相对稳定的周期结构被随机阵发的不规则震荡频繁冲击时，往往是激变的先兆。这种"阵发"现象在许多非线性系统中相当普遍地存在，并在可重复的实验中观察到，它具有普适性。事实上，我们在股票市场中也可以发现这种"阵发"导致股市灾变的暴跌的现象。需要指出的是，这种从规则运动通向混沌的路径同参数值密切相关。因此，我们可以借助参数 γ 去描述和预测股价 p_n 的演化模式，从而有效地提高我们的预警能力。

正是股市价格动态模式对参数值和初始值的敏感依赖决定了均衡价格的跃迁过程，即使我们从一个由基本面（预期收益贴现值）确定的均衡价格出发，但是由于均衡价格的微观涨落造成的初始值的微小差异，当参数值 γ 较大时会以指数的速率迅速放大，出现在宏观上可以观察到的大尺度涨落，从而使股价跃出均衡势阱，并在其后的演化中表现为极其复杂的不可重复的非线性结构。我们在前面"价格微观机制的统计描述"一节中，曾经讨论过这种涨落的必然性及其在新结构产生中的关键作用。这正是股市价格过度波动和"理性泡沫"的微观基础。

由系统非线性特征产生的决定性混沌，与由外部噪声的随机冲击和观测干扰的原则性限制（如海森堡"测不准原理"）产生的不确定性不同，它会在混沌中发现一些大尺度的有序结构，在偶然性中蕴含着必然性，这就使我们可能对未来做出一定程度的预言，而不是听天由命。

一个重要的结果就是由迈克尔·费根鲍姆（M. Feigenbaum）发现的逻辑斯蒂映射中通向混沌的"费根鲍姆道路"，他证明了这一"道路"的普适性。奇妙的是，费根鲍姆发现在倍增周期的分岔点，其相应的参数值的差异率 δ 以及与迭代值之间距离的标度相联系的 α 分别为两个常数。正如费根鲍姆指出的那样，

> "倍周期是系统遵循从简单周期运动到复杂周期运动……的一条独特的路径。在到达非周期行为极限之前，经历了倍周期的所有系统存在着一个唯一的、因而是普适的通解。"[1]

鉴于费根鲍姆道路在描述大多数系统从简单周期结构通向混沌过程的重要性，以及它很强的普适性，这一道路在许多非线性系统的实验中都已观察到。我相信它对描述和分析股市价格的周期震荡和投机性泡沫过程会非常有用的。

可以看到，在我们的逻辑斯蒂股价模型中价格随时间演化的动态模式

---

[1] 理查德·H. 戴，等. 混沌经济学 [M]. 傅琳，等，译. 上海：上海译文出版社，1996：362.

是由参数值 γ 和初始值 p_n 决定的。特别是即使参数值的微小变化都会引起系统运行模式巨大的质变。这就要求模型具有优质的经济数据，并尽可能准确地确定参数值 γ。

在我们的模型中，决定股市价格动态模式的参数值 γ 是由货币数量的实际效应定义的。当货币数量确定后，它的实际效应同经济景气指数 c 和汇率 e 成正比，同利率 i 成反比。另外，经济景气指数在证券市场不同板块之间的分布不是同一的。货币数量和影响它的其他因素都需要做归一化处理（设参照期的参数值为 1）。由此有，

$$\gamma_t = M_t \frac{c \, e}{i} \tag{5.6}$$

当然，准确地确定货币供给数量不是一件容易的事情。虽然货币数量是非常重要的经济变量，但各国货币当局的简单求和货币总量甚至不是一阶近似，误差很大。事实上，在中央银行高能货币的基础上还必须考虑存款的创生，即由存款准备金率决定的货币乘数，以及由资产证券化和金融衍生工具带来的杠杆（自催化）效应。同时，已流入证券市场和民间信贷市场的货币数量并不在金融机构的控制范围。

例如，可以用迪维西总量（Divisia Aggregates）构建货币数量，以考虑金融创新的影响。这样，货币供给通过财富效应和预期效应影响利率和汇率后，又会通过产出和价格反过来对货币存量的决定产生影响，并在此基础上对货币进行"迪维西衡量"。从而货币总量以"信息变量"的形式出现。

我们可以考虑用其他经济指标来确定模型参数，从而更全面、准确地反映股票市场的状态空间。另外，我猜想在证券市场实用的技术分析中的黄金分割线和斐波拉契数列是否同非线性动力学中研究随机过程个性的符号动态学有关，以至于可以用一个抽象神奇的序列符号动态（序参量）来描述真实的股价运动。非常幸运，在这个新的领域还有许多未解之谜需要我们去进一步探索，一切都不是定局。但有一点是确定不疑的，那就是货币结构对资产价格的决定性影响，这对经济学理论而言意义重大。

因此，我们有充分的理由相信，这种非线性股价方程比新古典金融现代价格理论的理性定价公式具有更强的描述能力，从而把各种市场异象作为一个特例包含在通解中，并且在这个基础上可以顺理成章地发展关于当代金融资本主义普遍的不稳定性理论。

由信用扩张带来的经济繁荣最终出现崩溃是无法避免的。能够选择的仅仅是，要么自愿放弃进一步扩张信用，使危机早一点到来，要么推迟危机的发生，但整个货币体系都将卷进来并最终爆发更大的灾难。

——冯·米塞斯

第六章　金融危机与经济周期

我们希望在全新的市场—货币微观结构基础上，发展关于通货膨胀、金融不稳定性和经济周期的宏观经济理论，其中货币的非线性扩张过程具有根本的重要性。

一 金融创新推动的货币扩张

在前面我们讨论"货币的解放"时曾指出，由于美国和世界各国货币当局独立发行和管理不再与黄金兑换的纸币，从而在现行世界货币体系中任何一种货币都不再与商品（特别贵金属）具有联系，这导致黄金本位的终结，也为货币无约束的扩张提供了前提条件。

由于商业银行的转账结算制度，银行在增加放款的同时，又增加了活期存款而形成派生存款，并多次使用，这样即使中央银行没有增加基础货币，商业银行也可以按一定倍数（货币乘数）使货币供应量倍增，由此形成货币扩张的第一波。而融资证券化（或者说一级证券化）是增量资产的证券化，这个过程通过赋予证券更高的流动性，把实质资产转化为现金流，从而把不受银行管制的储蓄转化为投资。不仅如此，融资证券化还具有高财务杠杆。例如，对冲基金往往利用银行信用反复抵押高流动性的证券资产，获得倍增的信贷资金。一般对冲基金运作的财务杠杆系数可达 2~5 倍，紧急情况下甚至可高达 20 倍以上。这是货币扩张的第二波。但是，这个扩张过程并没有终结，20 世纪 70 年代以来，以金融资产证券化为主流的金融创新推动了货币扩张的第三次浪潮。

20 世纪 70 年代美国严重的通货膨胀和利率上升，美国所有向公众提供购房抵押贷款的储蓄机构都面临利率风险和生存危机，为走出这种进退维谷的困境，储蓄信贷机构亟须出售长期住房抵押贷款，以分散风险和提高资本充足率。当然其前提是把金融资产（未来权益的凭证）证券化，也就是把流动性较差、非标准化的信贷资产转化为标准化、多样化并在二级市场具有较高流动性的证券产品，也就是证券产生证券的"怪圈"。1970 年，抵押贷款证券（MBS）首先在美国发行，这种只限于住宅抵押贷款的证券的销售，为住房贷款机构改善财务状态、分散风险取得良好效果，从而迅速发展起来。

到 20 世纪 90 年代，资产证券化这一重要的金融创新技术从住宅抵押贷款扩展到其他金融地产，包括汽车贷款、信用卡应收账款和其他商业贷款，并在欧洲发达国家迅速发展起来。90 年代以后，资产证券化在世界范围进一步扩展，并从金融资产渗透到租赁业、市政设施、机票收入、贸易服务公司、消费品应收账款，乃至艺术品市场等领域，并形成全球化的国际市场和跨国交易。

资产证券化和其他金融创新活动包括期货、期权交易，利率、货币掉期，信用违约互换市场和杠杆收购等，由此产生的最重要的效应就是货币总量的扩张。这种扩张效应可能通过如下三种机制来实现：

（1）资产证券化把长期的、流动性较差的贷款转化为流动性更高的现金，成为储蓄转化为投资的直接融资渠道，而这些资本市场的财富并不在中央银行的存款准备金和利率的管制之下，由此改变了银行传统的支付体系。这种流动性的大规模释放实质上是一种货币总量的扩张。这是一个自强化的过程。因为，宽裕的流动性会导致风险溢价和对保证金的要求等限制降低，从而反过来又增加了流动性，也就是说"流动性带来流动性"。这种创造金融产品并批发的银行模式，加上全球化的场外交易市场形成了所谓的"影子银行"系统。美国财政部长盖特纳曾估算，这些"影子银行"系统总值可达 10.5 万亿美元！而传统银行系统的资产只有 10 万亿美元。

（2）通过"货币替代"形成货币扩张机制。首先，资产证券化和金融衍生工具改变了金融资产的持有成本，同时也降低交易成本。特别是大量衍生品的清算和交割在双边净额结算时，盈利资产能当场结清，也就无需事前持有货币。它的实际效应相当于货币供给的增加。同时，一些创新的衍生工具成为货币交换媒介的近似替代品，由此货币类资产的替代弹性会上升，从而增加货币需求的利率弹性。例如，在使用利率、汇率互换进行套期保值时，就无需对头寸的日常管理。利率弹性的提高在利率不变时的实际效应则是货币供给的相对增加。因此，金融创新必然导致货币供给和需求同时增加，但货币供给会以更大的幅度增加，其结果是货币总量的扩张。

（3）金融杠杆效应。当然，货币乘数也是一种金融杠杆。但是，在资产证券化过程中，基础资产可以从金融机构的资产负债表上挪到特别目的公司（SPV），并将潜在的负债移出资产负债表而提高资本充足率，从而获得资本效率而无需动用资本金。也就是说，在资本金不变的情况下提高财务杠杆比率，并不相应增加额外的风险。不仅如此，在衍生工具中采用保证金或权利金交易，从而可以用较小的头寸进行大宗交易，成倍地放大收益。这样，金融创新的极度活跃形成巨大的衍生放大效应，同时也带来严重的金融风险。中国银监会首席顾问沈联涛先生在载于《财经》杂志的《2008 年全球金融危机的本质》一文中写道：

> "我们现在知道，'影子银行'系统极大地伪装了杠杆率的真实水平，极大地低估了支持市场所需的流动性水平，极大地误读了全球市场的网络关联性，使关键玩家可以在资本极度不足的情况下过度地进行交易。"

他估计 2007 年年底时，美国五大投资银行拥有资产总额 4.3 万亿美元，股权资本仅为 2003 亿美元，杠杆率为 21.3 倍。然而，它们表外负债的名义价值却有 17.8 万亿美元之巨，实际杠杆率应为 88.8 倍！这个连锁的衍生放大效应带来的货币扩张支撑着过度的交易和过度的投机，暗藏着巨大的金融风险。

现在，经济学家们还没有一个恰当的模式来描述这个货币扩张的过程。"桑顿和斯特恩（Thornton & Stone）（1992）认为，金融创新的影响可以通过货币总量的变化来表示。金融创新之后的货币总量 M^* 可以定义为原有货币量 M 加上新增加的部分，新增货币量是总资产 A 的一个比率 θ。"[①] 其表达式为：

$$M^* = M + \theta A \tag{6.1}$$

这个简约的表达式只能是一个粗略的线性近似。货币需求函数的货币总量也只能是简单加总总量（simple sum aggregates），即把货币组成部分不考虑权重地简单相加。

但是，问题的困难之处在于货币作为一系列具有不同流动性和替代性的资产，从 M_0 到 M_5。同时，货币总量又被分为名义和实际的，由于价格的变化使货币数量成为不确定。最后，由于货币供给和货币需求的相互作用，解释变量同时影响货币供给和需求，从而货币需求函数不能从计量估计中识别出来。模型数据转化为自然对数形式只是用线性化的方法处理非线性问题。因此，在 20 世纪 70 年代以后货币需求函数在广义总量和狭义总量中都出现系统性的差错，模型的失败是不可避免的。

---

① 默文·K.刘易斯，保罗·D.米曾. 货币经济学 [M]. 勾东宁，等，译. 北京：经济科学出版社，2008：270.

也正因为这些计量经济学前沿新理论遭遇失败为新的研究方法提供了强大的学术动力。由于不断增长的金融创新的刺激，促进了迪维西总量的研究以及简单加总总量的补充和扩展。

威廉·巴尼特（William Barnett）发现了货币简单加总总量模型和传统理论的基础缺陷。他用迪维西指数重新考虑货币总量中各个组成部分的不同货币特征（它们不存在完全的替代性），从而赋予它们不同的权重，以识别各部分之间产生的转移，从而正确地估计金融创新造成的影响。

虽然迪维西方法还存在一些疑问，但它比简单加总方法更加稳定，并较好地解释了金融创新，对名义产出和通货膨胀的描述和预测也有更出色的表现。1986 年，巴尼特和陈平的进一步研究发现"加总理论的货币总量是混沌的并具有奇怪吸引子"。他们指出：

> "我们在非常高质量的数据的长时间序列中，成功地找到了经济的混沌吸引子。特别要强调的是，这些吸引子能够解释广义的迪维西（Divisia）货币总量的动态行为，因而对于观察到的货币作用的时间轨道，可以揭示出产生这些轨道的动态系统本质的信息。"①

对于本书的目标而言，我们希望建立一个理论模型，从而可以直接用非线性方程来描述这个货币扩张的动态过程。但是，这对我来说是不堪重负。我想这个工作应该由更年轻，并且在货币经济学和数学方面有充分研究的学者来完成。我所能想到的是，这个扩张过程至少应耦合二重自催化作用（自主扩张的正反馈过程），即包含货币乘数、一级证券化和衍生工具的金融杠杆效应，它必然把周期和非周期结构以及丰富多彩的动态模式作为一个特例蕴含其中。

现在，我们的结论是，由金融创新推动货币扩张是一个不可逆的历史趋势，它必然把现代金融经济的市场约束条件推进到远离平衡的非线性区域，从而泡沫过程和结构重组都是不可避免的。这个货币创生的直接结果就是通货膨胀。

---

① 理查德·H.戴，等. 混沌经济学 [M]. 傅琳，等，译. 上海：上海译文出版社，1996：168.

二 数量论与通货膨胀

古典二分法用瓦尔拉斯的一般均衡体系处理市场中 n－1 个商品的交换比例（相对价格）；用货币数量论处理绝对价格水平。穆勒把货币数量论表述为"货币在价值上等于其交易的商品"。其表达式为：

$$MV = PT \tag{6.2}$$

式（6.2）中，M 表示流通中的货币供给；V 表示流通速度；P 表示一般价格水平；T 表示交易总量。

基于齐次性假设，即函数自变量乘以任意常数后，因变量增大同一常数的 n 次方倍，真实商品交换的相对比价不受绝对价格水平涨落的影响。由此，货币与价格之间存在着一一对应的比例关系。也就是说，货币数量的变化只会引起绝对价格成比例的涨落，而丝毫不会改变交换比例（相对价格）的均衡。这就是经济学一直谈论的"货币中性"。恰当地描述和解释一般价格水平变动是经济学最重要也是最困难的课题，迄今为止，经济学家们没有一个严密自洽的理论。因此，货币数量论在古典经济理论中占有至尊的地位。但可惜它是"中性"的，这成了货币经济学最关键的主题。

在论证古典模型中货币数量与价格之间的传导机制时，重点是考虑利率机制的间接效应。李嘉图曾指责英格兰银行在 19 世纪前期，把贷款利率（贴现率）维持在过低的水平致使货币迅速贬值。特别是在拿破仑战争期间，英格兰银行停止了英镑的自由兑换，从而可以无节制地发行货币，由此导致了通货膨胀。李嘉图和英格兰银行的这些争论后来导致了货币学派和银行学派的对立和发展，直到现在仍未停息。这些纷争在货币供给的内生或外生性问题，在非银行金融机构和资本的市场管理以及"金融脆弱性"问题上一再被重新提出来。

在李嘉图论证货币作用传递的间接效应后一个世纪，威克赛尔重新提出一种简单的古典通货膨胀理论。他认为，低利率刺激贷款市场的同时也间接提高了价格。只要市场利率低于自然利率（保持借贷市场均衡的收益率），就会提高价格，这个积累过程就是通货膨胀。

1890 年阿尔弗雷德·马歇尔的《经济学原理》出版后到 20 世纪早期，

新古典主义经济学逐渐确立了一种核心的正统理论，即在相对价格机制的作用下，微观市场可以实现资源的合理配置。瓦尔拉斯均衡存在性定理似乎力图证实这一正统观念。而宏观经济学则被归结为改良后的货币数量理论。新古典主义经济学的这种正统理论框架显然是过于简单粗糙的。正如弗里德曼认为"数量理论首先是货币需求的理论。它不是关于产出、货币收入和价格水平的理论"。并且，由于货币中性从而货币数量和价格、产出、就业之间只存在一种简单的线性关系，因此，作为宏观经济学的基础理论数量论是完全不合格的。

凯恩斯首先旗帜鲜明地批判这一传统理论框架，他力图用全新的方法来解决货币理论中的根本问题，并"研究出一个详细的生产货币理论来补充真实交换理论"，以取代瓦尔拉斯均衡体系、古典"二分法"和货币中性，把有效需求波动"适当地描述为货币现象"。从而把宏观经济学从新古典主义"货币中性"的魔咒中解脱出来。显然，凯恩斯革命代表了一种正确的批判性的理论路线。

米尔顿·弗里德曼的货币数量则用了"重新表述"一词来表明他对古典传统的继续。此后在 20 世纪 60 年代中期通货膨胀成为发达国家普遍关注的严重问题，货币主义也很快繁盛起来，并成功地发动了对凯恩斯革命的"反革命"。弗里德曼用他的"简单通用模型"取代与它等价的剑桥方程，并配合 IS - LM 模型，即：

$$S(y_t, r_t) = I(r_t) \tag{6.3}$$

$$L(y_t, r_t) = \frac{M_t}{p_t} \tag{6.4}$$

式（6.3）表明商品市场的均衡，在一定的收入和利率条件下投资等于储蓄。式（6.4）表明在相同约束下货币市场的均衡，货币需求等于供给。弗里德曼重新表述的要点是：①剑桥方程式 $M_t = kp_t y_t$ 中的 k（流通速度的倒数）不再是一个常数，而是一个稳定的渐进的函数，从而是可以预期的，也就是说对货币的需求是高度稳定的。②用弗里德曼的表述是"所有版本的数量理论都依赖于货币的名义数量和实际数量的差别"。不仅如此，货币数量变动向价格变化传递的时滞比向名义收入变化的时滞长 3~6 个月，这是货币短期非中性理论的基础。③货币供给是外生的。或者说影响货币供给的重要因素并不影响对货币的需求，名义余额供给的巨大变化常常不依赖于需求的任何变化而发生。"结论就是,价格或名义收入的巨大变化几乎总是货币名义供给变化的结果。"

正是这些基本结论形成弗里德曼通货膨胀的原动力。其基本点仍然是货币长期中性,即"通货膨胀均衡"。货币数量的增长在没有充分传递到价格变化之前,"货币幻觉"将在短期内引起名义收入和利率的实质性变动,一旦价格变动和通货膨胀预期一致后,货币增长对利率、产出和失业短暂影响的"非中性"也告结束,货币增长的变化就主要反映在价格的同比例变动上,而持续的货币扩张的结果必然导致通货膨胀。从这个意义上说,"通货膨胀在任何时候、任何地方都是一种货币现象",而通货膨胀和实际产出之间倒不存在确定的关联。

重要的是,从非通货膨胀均衡向通货膨胀均衡的转变。短期的非预期的货币扩张由于"流动性效应"会很快引起利息率下降,并刺激支出,然后货币扩张的冲击会传递到名义收入增加和价格上涨,并引起利率的回升。最后,通货膨胀预期会完全适应货币扩张,在一个更高的价格水平达到通货膨胀均衡。由于弗里德曼数量论的货币需求函数是稳定的渐进函数,因此,只要货币扩张不会加速,通货膨胀会以相同的速度稳定增长,这是一个水涨船高的平稳过程。由此形成弗里德曼颇具特色的货币政策,即著名的"单一规则"——他在《资本主义与自由》中写道,"为了这个目的,我的货币数量的定义包括商业银行以外的流通中的货币加上商业银行的全部存款。我认为:应该指令联邦储备系统,尽可能地使上述定义的货币数量的总额逐月甚至逐日地按照年率为3%～5%之间的比例增长。"但是,政府通过货币和财政政策有可能无限制地扩大货币供给,这是通货膨胀的最终原因,也是货币主义高度厌恶通货膨胀的原因。

显然,构造一个逻辑链条来分析货币扩张和通货膨胀之间的因果联系并不困难。经验主义的实证研究也表明,"货币供给的增长率和一般价格水平是高度相关的,相关系数接近于1"。但是,我们仍然没有一个恰当的理论模型来描述实际的通货膨胀动态过程,对许多国家通货膨胀案例的实证考察并不符合弗里德曼稳定的通货膨胀模式。特别是恶性通货膨胀案例,它是波动的,并会明显加速。平稳的通货膨胀模式对经济理论和政策都将是一种误导。

三 通货膨胀的动力

海曼·P. 明斯基（Hyman P. Minsky）就不同意货币数量论对通货膨胀的解释，他在考察了第二次世界大战后美国消费物价走势后这样写道：

"1967 年以前的温和的、短暂的通货膨胀在性质上已经发生了变化，现在的通胀来势汹汹，表现出清晰的周期性特征。尤其是近期发生的恶性通货膨胀与周期性爆发的金融危机密切相关。以往与严重经济衰退相关的金融不稳定性，在现代经济体制中，似乎与周期性的恶性通货膨胀挂起钩来。"[1]

从图 6.1 可以清楚地看到周期性并明显加速的消费物价上涨趋势。明斯基认为，货币主义者把工资增长超过生产率增长作为通货膨胀的原动力是一个过于简单的结论，他们忽略了利润的变化对价格影响的重要性。

图 6.1 CPI 变化的时间序列[2]

① 海曼·P. 明斯基. 稳定不稳定的经济 [M]. 石宝峰，张慧卉，译. 北京：清华大学出版社，2010：225.
② 海曼·P. 明斯基. 稳定不稳定经济 [M]. 石宝峰，张慧卉，译. 北京：清华大学出版社，2010：225.

明斯基的通货膨胀理论并没有十分清晰的逻辑线条，这可能和他特殊的文风有关。但他提出了许多非常有创见的新思维，我们可以概括为如下一些论点：

（1）明斯基认为收入是一种利润的分配，它是消费品价格的决定因素，同时，投资需求与工资上涨都必须获得银行业和融资体系的融资支持。因此，"就业、工资和价格的决定起始于企业家和银行家对利润的计算"。这一点同新古典主义的"货币中性"形成鲜明的对比。

（2）劳动力的供给与需求取决于工资与价格的比率，也就是说"仅当工资相对于价格上涨时，劳动力供给才会增加"。但是，货币工资的购买力取决于收入中用于消费品需求的大小，而不是取决于消费品的生产。因此，一个适度的和不可预期的实际工资下降不会导致货币工资上涨。劳动力市场迟钝的反应会形成"通货膨胀壁垒"。货币工资是否对购买力的下降做出反应，决定通货膨胀是否会蔓延开来。

（3）货币扩张以及工资上涨超过生产率上涨现象在可观察的通货膨胀中都发生了，它们是通货膨胀过程的一部分，但它们既不是通货膨胀的来源也不是通货膨胀的整个机制。如果银行系统不为投资和持续的货币工资上涨提供现金，则不可能发生强劲的维持通货膨胀的推力。偿还债务过程形成的自我约束机制加固了通胀壁垒，从而削弱普遍通货膨胀的可能性。

（4）在一个具有复杂公司结构的大政府经济中，"由于政府计划而获利的技术和行业，成为工资推动型通货膨胀的主导因素"。同时，间接和直接国家工作人员的收入和转移支付以及政府用于维持就业的方式会产生大量不断增长的消费需求，而不会直接带来有效产出的扩张，庞大的政府赤字和投资必然会打开通货膨胀壁垒，并冲击金融系统的自我约束机制，形成有利于提高货币工资和产品加价的市场条件。从而为普遍的通货膨胀提供强大的、持续的推动力。而唯一的制约仅仅是政府的管制程序和政府运用赤字财政的意愿和能力，而它的政治风险似乎比加税更低。"政府是通货膨胀的发动机"。

由此，在向确定性通货膨胀转变的过程中，货币工资、投资、政府赤字和价格互相推动，其中一个特殊的决定因素就是大量不断增长的消费需求，这时价格会上升以至于实际工资下降，而政府大规模投资和财政赤字正营造着加价和持续提高货币工资的市场条件，通货膨胀也就不可避免了。明斯基这样写道：

> "一旦大政府的扩张快于经济产出的增长，就会引发通货膨胀。通货膨胀会导致无效的投资决策和横征暴敛的税收。因此，大政府在导致通胀的时候就是祸水。"①

毫无疑问，明斯基的这些真知灼见显然比货币主义数量论对通货膨胀动力的理论解释更高明也更全面。而我的理论框架仍然希望在两者综合的基础上提出一些必要的命题。

（1）通货膨胀是指消费物价普遍的持续的上涨，一般会采用消费者指数或零售物价指数来计量。当然，如明斯基说的那样，"就业、工资和价格的决定起始于企业家和银行家对利润的计算"，但价格的最终决定（加价）仍然是买卖双方随机博弈的过程。同时，价格总是一个既定的历史的量，因此重要的是价格随时间演化的动态路径，也就是通货膨胀过程。

（2）通货膨胀可以准确预期只是权宜之计，实际指标是无法准确定义的。因为价格总是处在不停的变动之中，如果价格稳定了，那么预期就是不必要的。同时，正如约翰·希克斯认为的那样，基于价格稳定假设的商业习惯和行为习惯，乃至会计、税收以及法律体系的习惯都是很难打破的，正是劳动力市场迟钝的反应导致货币工资很难及时对购买力的下降做出反应，这是"通货膨胀壁垒"或者"货币幻觉"以及卢卡斯"意料之外函数"的根源。因此，实际数量并不重要，重要的是通货膨胀共识。

（3）由于金融创新的灵活性以及货币扩张的历史趋势决定了货币供给的变化适应于商品需求的变化，而不是相反。也就是说，货币供给具有内生的自强化的动力，货币供给的变化总是会适应市场意愿的数量余额。如在 1907 年通货紧缩的危机中 J. P. 摩根设计的"手写货币"。但是，对通货膨胀过程而言，重要的是现金流的扩张，其他流动性层次货币或者货币替代资产的扩张可以导致泡沫经济，但不会引发普遍的持续的通货膨胀。

（4）货币供给的增长率和一般价格水平高度相关，但它们之间绝不是同比例的涨落，无论短期或长期都不是，价格水平对货币供给变化的响应是非线性的，表现为复杂的动态模式，甚至出现消费物价巨涨落的灾变过

---

① 海曼·P.明斯基. 稳定不稳定的经济 [M]. 石宝峰，张慧卉，译. 北京：清华大学出版社，2010：249.

程。在货币参数 m_0 的一定阈值，价格上涨的速度会远高于货币供给的增加，从而出现通货膨胀时期的货币短缺。我们还不能给出一个消费物价指数的动态解析表达式，关键是"货币的创造"的非线性相互作用。

（5）无论是因为汇率变化引起的通货贬值，还是因为货币工资上涨或者巨额财政赤字，货币的创造都来自大政府经济的投资和信贷扩张，或者转移支付，来自政府横征暴敛的财政政策，或者政府维持充分就业以及抵御经济萧条的经济政策，正是在这种意义上说"政府是通货膨胀的发动机"，并使通货膨胀成为一种历史趋势。

尤其是近期发生的恶性通货膨胀与周期性爆发的金融危机密切相关，从而明斯基把金融脆弱性同周期性的恶性通货膨胀挂起钩来，但他并没有从根本上解决这个问题。倒是菲利浦·卡甘提出了一个恶性通货膨胀模型，不过，卡甘的模型在预期形成问题上，受到萨金特和华莱士等理性预期学派经济学家并不中肯的批评。因为，即使卢卡斯模型也不能从货币创造的速度直接估计价格变化的路径。它们之间的关联是非线性的，必然产生内在随机性，理性预期存在原则性障碍。但是，通货膨胀和金融危机的密切关联倒是我们应当特别关注的问题。

四 "明斯基时刻"

20 世纪 60 年代中期第二次世界大战后相对稳定的世界资本主义经济被严重的滞胀所中断。此后，包括北美、西欧和日本等发达国家以及包括东亚和拉丁美洲南锥体的新兴市场经济国家都频繁地爆发程度不同的金融危机，70 年代经济学界开始提出金融脆弱性理论。事实上，整个 60 年代到 80 年代明斯基都在不断地发展他的金融不稳定性假说。但是，作为金融脆弱性理论的创始人，他深刻的洞察力和创新思维却被"新古典综合"和货币主义代表的西方主流经济学所窒息，以至于在 1989—1997 年间，主流经济学文献对明斯基著述的引用只有 11 次。仅仅在美国资本市场网络泡沫破裂以及次级住房抵押贷款崩溃后，明斯基的天才预言大多为经验事实所印证，人们才幡然醒悟，对其著作的兴趣骤增。

凯恩斯证明了在一个成熟而发达的金融资本主义经济中，总产出、就业和价格很容易出现波动。那么，是什么因素使资本主义经济能够在第二次世界大战后 20 年里保持相对稳定，而在 20 世纪 60 年代以后又发生如此剧烈的变化呢？明斯基认为根源在于追逐利润的商人和银行家们把一个最初富有活力的金融体系变成了一个脆弱的金融体系。他在《稳定不稳定的经济》一书"第一版前言和致谢"中这样写道：

"决定融资关系和资产定价的市场机制发出了信号，这种信号促进那些容易产生不稳定性的融资关系得以发展，最终使不稳定性变为现实。资本主义经济的稳定时期（或平稳运行时期）只是暂时的。"

明斯基详细地考察了第二次世界大战后美国金融不稳定的出现，特别是 1966 年的信用危机（这是 20 世纪 30 年代经济大萧条以来的第一个困境）和此后的多次金融危机，这几次危机都涉及相同的金融工具，如商业票据、市政债券和房地产投资信托基金。他认为这些金融危机正是这种"倾向于投机繁荣"的金融资本主义经济内在的本质不稳定性的表现，并导致了"货币管理资本主义"的发展（这是"57 种资本主义"中更不稳定的状态）。明斯基很早就预测到住房抵押贷款证券化会有爆炸式的发展，而这种投机性繁荣的空前高涨又重新创造了产生经济大萧条的前提，并会很快在全球蔓延，美国的金融部门正处在一场向全世界扩散的金融危机中。20 年后，席卷全球的金融风暴彻底验证了明斯基的天才预言。因此，许多评论家把这种反映金融脆弱性的危机称为"明斯基时刻"（Minsky Moment）。

在明斯基的金融不稳定性理论中，他关注的重点还不在于金融机构资产负债表的特征，或者资产负债方期限的不匹配以及信息不对称问题上。他把思辨的锋芒引向对正统经济学主流理论的批判，他把关注的焦点集中在一些更为深刻的经济学理论问题上。

明斯基认为，在新古典主义经济学的充分就业均衡模型中完全没有货币和金融的地位，货币数量除了决定绝对价格水平外，对产出、就业和价格没有实质性的影响，货币是"中性的"。因此，它完全不能解释 20 世纪 30 年代的经济大萧条，他们不能对当时股票市场的崩溃以及随后的债务紧缩怎样导致经济的严重衰退这些问题做出任何解释。正是在这种情景下凯恩斯严厉地批判了新古典主义教条，并赢得了这场理论的革命，正如他给萧伯纳的信中说的那样，"将使人们思考经济问题的方式产生大规模革命"。

我们知道，凯恩斯对他的通论有一个经典的表述，这就是"有效需求的波动可被适当地描述为货币现象"。他认为在具有复杂金融系统的资本主义经济中，"财富的实际所有者是对货币，而非真实资产拥有要求权"。然而，联系货币现象和有效需求波动的关键环节就是在不确定环境下的投资金融理论。因此，明斯基敏锐地指出：

　　"凯恩斯分析的核心部分是，通过考虑存量资本资产的收益性、投资和持有资本资产的资金状况以及投资的资金供给状况，建立了有效投资需求理论。"①

凯恩斯理论体系的必然结论就是，在自由市场经济制度出现失业以及产量和就业量的大幅波动是不可避免的常态，充分就业倒是暂时的现象，资本主义经济的不稳定性是内在的、不可避免的。

我们可以看到，凯恩斯主义的理论路线和新古典主义是完全对立的。但是，作为第二次世界大战后西方主流经济学权威代表的新古典综合理论却力图把这两种针锋相对的理论纲领折衷调和，把凯恩斯革命性的宏观经济理论强行嫁接到新古典主义"过分成熟"的微观经济学基础上。明斯基旗帜鲜明地批判这种"综合"，批判"冒牌的凯恩斯主义"。他说"凯恩斯闪烁着智慧光芒的理论，被一群只会提出平庸政策建议的经济学家们解释得毫无出彩之处"。也许正是这种冒犯使得明斯基的创新思维长期被主流经济学窒息。

然而，明斯基却认为恰恰是凯恩斯思想中被新古典综合理论"忽略的部分可以作为构建新理论的基础"，这就是资本资产定价和存在资本主义金融制度经济的特定属性。他始终不渝地坚持凯恩斯革命，并力图把凯恩斯传统推进到当代金融资本主义的新领域。

明斯基的不稳定经济学应该包括两个核心问题：一是价格作为利润载体的作用。他认为"是什么决定利润"这是理解经济如何运行的"最核心问题"。因为价格必须满足利润从经营产生足够的现金流，这些现金流能承担负债结构、引导投资意愿以及为投资进行融资。二是"投资是资本主义经济运作的最本质要素"。而生产投资性产出，获得资本资产所有权

---

①　海曼·P. 明斯基. 稳定不稳定的经济 [M]. 石宝峰，张慧卉，译. 北京：清华大学出版社，2010：108.

（或者头寸）都必须进行融资，在资本主义经济中价格确定和资源配置是与产出、资本资产头寸和有效负债联系在一起的。因此，凯恩斯的投资理论和投资融资理论是凯恩斯学说的核心。而以上两个基本点恰恰是新古典主义和新古典综合理论有意或无意忽略的部分。凯恩斯对 20 世纪二三十年代最为明显的金融和债务结构问题的强调并没有得到主流经济学的关注，经济学家们分析是一种抽象的非金融经济。明斯基指出"这种逻辑上的缺失是一种信仰行为"，现代的正统经济学不是也不能作为经济政策制定的基石。

　　正是这两个核心问题决定了明斯基金融不稳定假设的基本命题：①资本主义市场机制不能产生持续的、价格稳定和充分就业的均衡；②严重的经济周期是源于资本主义金融的本质特征。明斯基认为，在不稳定性的分析中，投机性繁荣以后的投机性恐慌、债务紧缩和深度衰退以及衰退之后的经济复苏，都比不上持续稳定增长时期经济发展所产生的金融脆弱性和不稳定性融资结构重要。

　　而金融不稳定假设的基本命题则是由金融资本主义更为深刻的本质特征决定的，这就是明斯基的"两套价格体系"：

　　　　"资本主义经济的本质特征存在两套价格体系：一套是当前
　　　产出的价格，另一套是资本资产的价格。当前产出的价格和资本
　　　资产的价格取决于不同的变量，并由不同的市场决定。然而，这
　　　些价格之间是互相联系的，因为投资产出是当前产出的一部
　　　分"。①

当资本资产的价格水平相对于当前产出的价格水平较高时，经济环境就有利于投资。反之则不利于投资，这实际上预示着经济的衰退或萧条，经济周期正是这两套价格水平交替变化而产生的。资本资产的市场价格决定了投资性产出的需求价格，但这并不意味着存在投资的有效需求。投资的有效需求需要融资。因此，"投资是一种金融现象"。明斯基认为，"我们经济的突出特点就是存在复杂的基于各种安全边际的借贷关系"，只有考虑了资本主义金融制度的存在的理论才能解释观察到的投资不稳定性。

---

　　① 海曼·P.明斯基. 稳定不稳定的经济 [M]. 石宝峰，张慧卉，译. 北京：清华大学出版社，2010：156.

同正统理论一样，一个斜率为负的投资—利率函数具有重要作用。明斯基这样写道：

> "事实充分证明，资本资产的需求价格和投资品的供给价格（包含了成本在内）之间的差额与利率变化方向相反。这增加了投资和利润以及为资本资产头寸进行债务融资的意愿。因此，在任何一个经济中，只要金融市场属于投资决定机制的一部分，都会存在某些强大的内部不稳定力量。"①

这将刺激投机性繁荣，而金融创新和衍生工具形成的内生过程导致货币和流动资产的增加，融资工具几乎不存在任何限制。因此，存在私人所有权和华尔街的复杂的融资活动，必然使一个保持经济平稳运行的原本稳健的融资结构变得越来越脆弱。并从对冲性融资主导的环境向投机性融资和庞氏融资大跃进，而庞氏融资总是与边缘性的或欺诈性的融资联系在一起，从而经济不稳定的力量会越来越强。

最后投资繁荣的打破是导致金融危机、债务通缩和经济大萧条，还是导致没有造成混乱的不景气，则取决于融资的结构特征和政策。因此，明斯基在 20 世纪 90 年代设计出来的可供选择的政策建议是，降低不安全性，提升稳定性以及鼓励民主政治。

明斯基的金融不稳定论的最出彩之处是对主流经济学的批判。他遵循凯恩斯的投资理论和投资融资理论，把研究的重点转移到当代金融资本主义，转到证券化的发展趋势，这无疑拓宽了主流经济学的维度和视野。明斯基提出了资本主义经济的本质特征，即"两套价格体系"，按理说这应该使他在同新古典主义分庭抗礼的道路上走得更远。但是，在传统经济学理论武库里反主流的分析工具的确乏善可陈。在他最重要的投资和融资理论中，描述经济变量关系的范式，仍然也只能来自新古典微观经济学的基础范式，即那条虚构的曲线。我们知道，这个模式不适合描述不确定性和不稳定性。如图 6.2 中的 $Q_N Q_N$ 曲线描述内部现金流与投资和产出之间的关系。或者用 P_K 和 P_I 曲线来描述借方风险和贷方风险以及它们同投资增速之间的关系。图 6.2 中没有对资本资产价格 P_K 和投资品供给价格 P_I 的

---

① 海曼·P.明斯基. 稳定不稳定的经济 [M]. 石宝峰，张慧卉，译. 北京：清华大学出版社，2010：174.

相对位置做出任何解释，也完全没有不断变化的短期利率对资本资产价格的影响。模型的描述能力远远不及希克斯的 IS - LM 曲线，也不能充分地描述金融脆弱性和不稳定性，因此，它不可能取代新古典综合理论。

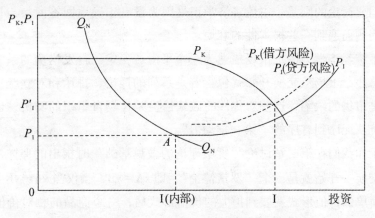

图 6.2　投资：内部资金和外部融资的影响①

明斯基感叹道，"凯恩斯的研究结果意味着，时代在等待一个能够推翻古典理论的智者出现。"但是，明斯基的天才预言和金融不稳定论仍然给经济学留下一笔丰厚的理论遗产，让我们永远缅怀这位孤独的智者吧。

五　金融脆弱性的货币本原

明斯基在 1982 年发表的重要著作《金融脆弱性假说：资本主义的进展和经济行为》中首先提出了金融内在脆弱性问题，这同新古典主义理论认为是外部的冲击破坏市场平衡，而市场总是倾向重新回到均衡的观点尖锐对立。他充分认识到经济学需要发生变革，但"这种变革需要新的理论工具的发展"，以突破新古典主义微观经济学的藩篱，然而"这是一个艰难的智力创造过程"。显然，明斯基的以资本主义融资和债务危机为主导的制度动力学还不能完成这一使命。

同时，本书力图去建立一种可以取代新古典微观经济学的基础结构。因此，对金融脆弱性我们关注的是一些更为基础的议题，首先就是金融脆

---

① 海曼·P.明斯基. 稳定不稳定的经济 [M]. 石宝峰，张慧卉，译. 北京：清华大学出版社，2010：170.

弱性的货币本原。而这个问题的关键是商品和货币的对立问题，这个天才的见解是马克思首先提出来的。我在《经济系统的自组织理论》一书以及在本书的第二章"货币理论的微观基础"里都详细地讨论了这一问题。现在我们要讨论的则是，主流经济学正是因为没有正确地回答商品与货币的对立问题而遇到一些根本性的麻烦。

正统经济学力图把市场描述为一个平滑、稳定、自发均衡的系统，但事与愿违，市场从交换开始就包含着一系列的悖论、排斥和对立统一。这绝不是市场的缺陷，这些对称性的破缺恰恰是市场自组织的契机，也是经济系统从无序到有序的"第一推动力"。

正如我们在第二章讨论"货币理论的微观基础"时指出的那样，实物商品交换一开始就是一个"罗素悖论"，即 $xA = yB$，当仅当 $xA \neq yB$。而在这个简单的价值形式发展到扩大的价值形式后，一个商品的相对价值必须用所有商品作为等价物来表现，从而不可避免地陷入"理发师悖论"（即罗素—怀特海悖论）。也就是说，"一个要定义的对象是用包含这个对象在内的一类对象来定义的，那么这种定义是不合逻辑的"，也就是庞加莱提出的"非断言定义"。要排除这个逻辑悖论，扩大的价值形式必然演化到一般价值形式，进而深化到货币形式。正因为货币使商品的价值形式成为完全的，不存在逻辑悖论的形式，商品价格才可能具有准确性和可比性，其前提就是商品和货币的对立。因为，要避免出现悖论，"任何牵涉着一个集合的所有元素的东西，都不能成为这个集合的元素"[①]。也就是说，货币必须从商品中升华出来，并同整个商品世界对立。因此，马克思首先提出这一重要经济学原理是一个划时代的建树。货币发展史也表明，简单的物物交换以一种逻辑的必然性演化到商品与货币的对立。正是这种对立成为资本主义经济危机的简单可能性，成为金融脆弱性的理论基础。

（1）商品和货币的对立表现为货币使实物交换中买卖的同一性在时间和空间上分裂成两个对立的过程，从而在商品交换的矛盾运动中，发展了一系列不受当事人控制的社会联系，从而引进了不确定性和不稳定性，它不可避免地包含了经济危机的简单可能性。正因为如此，马克思说从商品转化到货币是商品"惊险的跳跃"。

---

① 罗长青，李仁杰. 数学文化 [M]. 重庆：重庆大学出版社，2010：204.

（2）交换中买卖同一性和时空上的分裂又使商品的让渡同商品价格的实现在时间上分离开来的关系迅速发展起来，也就是货币作为支付手段的功能。这时，在交易的两端，一端是商品，另一端已经不是实在的货币，而只是支付货币的承诺，一种观念化的货币。与此同时，货币作为贮藏手段的职能也发展起来，积累的货币成为一种可以提供服务或者牟利的手段，成为最具流动性的资产，这正是银行信贷的基础。货币的符号化、杠杆化则成为纸币、信用货币和金融衍生工具的理论根据，并形成金融机构资产负债的天生的脆弱性，成为金融危机和经济周期的真实必然性。正因为如此，马克思的结论是"在危机时期，商品和它的价值形态（货币）之间的对立发展成为绝对矛盾"。这正是金融脆弱性的货币本原。

在这个理论基础上，我的研究重点是，在当代金融资本主义条件下，货币的这些天然本性的自我扩张功能。特别是布雷顿森林体系后，各国货币当局独立发行和管理不再与黄金或任何其他商品有联系的纸币，从而在法定货币体系下，这些没有内在价值的纸就可以毫无约束地自由创造，国家法权便肆无忌惮地入侵货币的领地。信贷创生、资产证券化以及金融衍生工具成倍、成十倍地催化这个高速膨胀的货币扩张过程，并导致日益频繁的金融危机。这样，我们有关货币理论的基础结构可以自洽地同当代货币经济学以及金融脆弱性论连接起来。

由此可见，商品与货币的对立是我的货币理论的基石，这个对立的逻辑基础则来自物物交易的价值形式的罗素—怀特海悖论。正是商品与货币的混同，使瓦尔拉斯均衡体系陷入"二分法"的困境。瓦尔拉斯体系本质上是一个实物交换系统，明斯基把它称为"乡村市场观点"。我们从货币微观理论已经知道，这个系统的价值表现不可避免地会遇到罗素—怀特海悖论。一旦瓦尔拉斯联立方程组把货币纳入商品集合，货币一旦同所有商品的相对价值相联系（它是所有相对价值的分母 p_{n-1}/p_n），货币的绝对价格水平 p_n 就是一个悖论。因为正如罗素指出"凡是涉及一个集合的整体的东西不能是该集体的一部分"。所以，瓦尔拉斯体系是天生排斥货币的。其结果只能是那个该死的"齐次性"、"二分法"和"货币中性"。

耐人寻味的是，1975年在布朗大学召开的货币主义研讨会上，米尔顿·弗里德曼提出一个似是而非的问题——"货币的价格是什么?"他的回答是：

　　　"货币主义者的回答是'货币的价格是价格水平的倒数'；非

　　货币主义者（凯恩斯学派或央行）会说是'利率'"。①

有趣的是，本次研讨会的主席乔治·博茨（George Borts）的回答则是："要是我说是'一'呢？"

　　事实上这个问题本身就是错的。因为在商品和货币的对立中我们已经知道，货币不是商品（不包括货币金属，或者作为收藏品的货币），它们之间的关系有些像毛毛虫和蝴蝶的关系。因此，货币也没有一般意义上的价格。那么凯恩斯学派和中央银行回答的是信贷的价格，而博茨回答的是货币作为价值尺度的功能。弗里德曼的回答则是一个糟糕的"悖论"。

　　显然，弗里德曼的回答是一个标准的新古典主义答案。同瓦尔拉斯的实物交换体系一样，不可避免地碰到逻辑悖论。如果货币价格是所有商品价格水平的倒数，而所有的价格水平都是用货币来表征的。根据庞加莱的"非断言定义"，"即一个要定义的对象是用包含这个对象在内的一类对象来定义的，那么这种定义是不合逻辑的"。因此，要避免逻辑悖论货币就必须从商品集合中排除出去，那么，价格水平就是一个虚妄的概念，而货币的价格就是一个不合逻辑的命题。货币主义的回答就必然陷入乡村理发师的尴尬，不知道该不该自己刮脸。由此我们也可以看到主流经济学的货币理论上是何等的混乱的无助。其根本原因是他们根本没有看到商品和货币的对立。

　　我的结论是：在当代资本主义的历史条件下，金融不稳定性必然表现为频繁的金融危机，而这种金融脆弱性则来自货币的天生本性。它包含四个基本命题：

　　（1）实物交换市场体系的价值表现必然包含罗素—怀特海悖论；

　　（2）商品与货币的对立；

　　（3）货币作为支付手段和贮藏手段符号化；

　　（4）实体经济有限制发展和法定货币不受约束扩张的内在矛盾和冲突。

　　因此，金融脆弱性是同货币与生俱来的。所有实行法定货币制度安排

---

　　① 默文·K.刘易斯，保罗·D.米曾. 货币经济学［M］. 勾东宁，等，译. 北京：经济科学出版社，2008：15.

的市场经济体都不可能避免金融危机。在一些新兴市场经济体曾经出现的金融压抑，则是这种脆弱性的另一种表现形式。

六　经济周期结构

经济周期理论也许是经济学家们研究得最多，却又知道得最少的课题。最早涉及经济周期研究的应该是英国下院议员、私人银行家亨利·桑顿。

后来，因为他在 1802 年出版的经典之作《大不列颠票据信用的性质和作用的探讨》，而常常被人称为"中央银行之父"。在此之前，英格兰已经历了 18 次经济危机，桑顿发现每次危机后都是经济自行复苏，并上升到更高的稳定状态。但每一次复苏都只有几年时间，随后又会发生新的危机，再次摧毁经济。

重要的是，桑顿把所有不同的信用手段看成一个整体，并创造了一个强大的分析工具来考察货币总量（流动性）、货币流通速度与利率之间的相互影响。研究结果表明，这往往导致中央银行在对危险毫无觉察的时候过多地增加货币供给，这个正反馈过程必然推动经济运行脱离轨道。关键是信用体系的内在不稳定性。当然，这还谈不上经济周期理论，不过，他首开先河研究金融不稳定性。

此后的两个世纪中，经济学家们对经济周期理论进行了广泛而深入的研究。19 世纪 40 年代，在欧洲一些国家爆发了激进的政治革命和工人阶级的武装起义。1857 年经济危机再次袭来，这激发马克思更加关注对资本主义社会再生产周期性的特殊性质的研究，并形成了系统的经济危机理论。他认为，资本主义经济危机是由资本主义生产方式的基本矛盾，即生产社会化和生产资料的资本主义私人占有之间的矛盾尖锐化而引起的。这个基本矛盾一方面表现为企业内部生产的组织性与社会生产的无政府状态之间的矛盾；另一方面表现为资本主义生产无限扩大趋势同劳动者有支付能力需求相对缩小的矛盾。而固定资本大规模更新则构成了资本主义经济危机周期性的物质基础，并提出了关于资本主义积累的历史趋势的著名论断。

同时，其他经济学家也从货币供给、自然利率和实际利率、投资过度、消费不足或者从公众信心、非理性心理因素等不同择重点出发，构造一个自我扩张（正反馈）和自动回归（负反馈）的逻辑链，以解释资本主义经济危机从繁荣到萧条的过程。但是，他们都远没有达到马克思经济危机理论的系统性和严密性。许多一流的经济学家都没有把经济危机看成资本主义社会再生产过程内在的特殊性质，当然也就不可能建立透彻的、统一的理论，也没有力图去描绘和计算这种深刻的制度性的动态过程，或者像马克思那样去探究经济危机周期性的物质基础。这在很大程度上是因为他们注意到了资本主义经济危机现象，但对"周期"却知之甚少。其中也许有一个例外，那就是法国经济学家克莱门特·朱格拉。

1862 年朱格拉发表了专著《论德、英、美三国经济危机与其发展周期》。他认为，经常性的经济危机并不是简单的孤立事件，也不仅仅是由一些特定现象引起的，如随机冲击、失误或公众的恐慌心理之类。而是经济组织内在不稳定性周期性重复发作的体现，他进而划分了周期运动的不同阶段，他收集了时间跨度尽可能长的时间序列统计数据加以分析。

"通过研究这些长时段的数据，他确信自己能够判断周期的平均长度为 9～10 年。朱格拉说明了他对经济内在不稳定性的解释，他写道：'萧条的唯一原因就是繁荣。'"①

这倒应了中国古代哲学的一个命题——"物极必反"。朱格拉发现的 9～10 年的平均周期同马克思分析的数据一致，我们可以把它称为马克思—朱格拉周期。在此之前，人们研究了经济危机，但并不真正理解经济周期。

不过，事情并不是这么简单。1913 年美国经济学家韦斯利·米契尔出版了《经济周期》一书，周期问题变得更加麻烦了。米契尔认为，周期序列是重复发生的，但不是定期的。"经济周期的持续时间从超过 1 年到 10 年或者 12 年不等；它们不能被细分为更短的与自身有近似波幅的特性类似的周期。"② 也就是说，对国民经济波动而言这些周期是不可再细分的基本单元。那么，这些"周期原子"是怎样相互作用和组合的呢？我们可以把它称为经济周期结构问题。抑或周期长度本身就是随机的，经济学家们观察到的只不过是经济周期的统计分布值。我在《论经济周期的统计分析》

---

① 拉斯·特维德. 逃不开的经济周期 [M]. 董裕平，译. 北京：中信出版社，2008：45.
② 拉斯·特维德. 逃不开的经济周期 [M]. 董裕平，译. 北京：中信出版社，2008：65.

一文中曾认为经济周期的长度服从泊松分布，并力图从微观经济条件的分析对此结论做出一个自圆其说的诠释。

不久之后，事情变得越来越复杂了。1923 年德国学者约瑟夫·基钦分析了英国和美国 31 年的数据，发现了平均长度为 40 个月的周期，比 3 年稍长一点。紧接着在 1924 年，俄国学者尼古拉·康德拉季耶夫在他的一份研究报告中，确认了他在 14 年前的一项研究结果，即资本主义经济存在平均长度为 53.3 年的长周期，他确认他"所发现的周期现象并不能看成是这种处理方法所带来的偶然结果"。这就是著名的康氏波。

事情还没有完，很快米契尔的学生西蒙·库兹涅茨收集了更多的数据，他在测度国民收入波动时，又发现了平均长度大约为 20 年的波动！后来伯恩斯也发现了平均长度为 20 年的周期。汉森则发现了 8.3 年的周期。现在，经济学家们不得不面对整整一个经济周期谱系：康德拉季耶夫周期（53.3 年）；库兹涅茨—伯恩斯周期（20 年）；马克思—朱格拉周期（9 ~ 10 年）；汉森周期（8.35 年）；基钦周期（3.5 年）等。那么，这些不同的周期会以什么方式相互作用，并共处于资本主义经济体系中呢？

或者说，经济学家们完全无法把由消费、投资和产出的相互作用决定的宏观经济的本征波动，同那些来自其他产业（如金融业、房地产业、设备制造、物流等）的波动区分开来，这些产业具有足够大的规模，因此它们的波动会给宏观经济的本征波动带来决定性的冲击。经济学家们观察到的既有本征值，也有其他产业周期的干扰，从而这些经济周期谱系反映的仅仅是这些波动的叠加而已。

米契尔曾经非常明确地提出这个问题：

> "西斯蒙第时代的问题只是说明危机，而现在的问题是：要确定在经济生活中混在一起的变动究竟有多少种，要把这些变动互相区别开来，要计量各种变动的波长并确定循环的定期性，最后要做出一个能够准确地说明各种变动和它们相互关系的学说。"[①]

对此，经济学家们提出了许多猜测。我在 1991 年出版的《经济系统的自

---

① 米契尔. 商业循环问题及其调整 [M]. 陈福生，陈振骅，译. 北京：商务印书馆，1962：248.

组织理论》一书中，曾经把康德拉季耶夫长周期分解为傅里埃级数。令我们感到惊奇的是，由傅里埃级数表征的康氏波谐波周期谱系，同经济学家们已经发现的上述周期谱系符合得很好。特别是中长周期保持了一一对应，这不大可能是巧合。由此我的结论是康德拉季耶夫长周期是十八九世纪自由资本主义时期整个经济周期谱系叠加的自然结果。当然，20世纪30年代的经济大萧条以后，在高度复杂的金融资本时期，这种周期结构已经或正在发生根本性的变化。

拉斯·特维德（Lars Tvede）在《逃不开的经济周期》一书中提出一个新的经济周期结构。他非常明确地指出，他的目标是"给出一个参照模型，而不是预测"。这个周期结构综合了三种最重要的周期现象。

存货周期（基钦周期）持续4.5年；

资本性支出周期（朱格拉周期）持续9年；

房地产周期（库兹涅茨—霍伊特周期）持续18年。

特维德认为，房地产市场是经济周期之母。一个完整的房地产周期就是一个典型的本征周期，它包含四个存货周期和两个资本性支出周期。

不过，我们仍然不能接受特维德把房地产周期作为资本主义经济本征周期的论点。本征周期应该是由整个宏观经济体系的基本要素，即消费、投资和产出之间的相互作用决定的，它是经济周期的主旋律。重要的是把本征波动决定的周期从周期叠加的结构中过滤出来，然而滤波的前提是我们必须有一个恰当的经济本征周期模型。

七　本征波动模型

正如马歇尔在他的《经济学原理》一书扉页上写下的警句——"自然界没有飞跃"那样，新古典主义经济学从根本上就讳言跃迁、突变和不确定性。新古典微观经济学的那一整套平滑的决定论性的结构，同波动、衰退、泡沫、危机之类的现象天生不容。这也就是主流经济学经济波动模型难产的根本原因，即使像凯恩斯、萨缪尔森这些大师们真知灼见的宏观经济理论，一旦同这个微观基础结合，其理论的革命和创新精神也立刻被窒息。

凯恩斯的"有效需求的波动可被适当地描述为货币现象"的观点，对新古典主义经济学而言无疑是革命性的。在经济周期模型中，萨缪尔森的乘数—加速数模型也是最好的。在这些创新的理论中，还应加上弗里德曼和卢卡斯"理性预期"理论。按理说，他们都应该大大推进经济学的革命，但当他们一旦回到新古典微观经济学的基础上，都不可避免地蜕化为毫无创新的"中庸之道"。由此形成西方经济学的主流思想体系，新古典主义的嫡亲，这就是新古典综合、新古典宏观经济学以及真实经济周期理论。这也许是经济学命中注定的遗憾。

1939 年，阿尔文·汉森（Alvin Harvey Hansen）向他的得意门生萨缪尔森提出是否可以将凯恩斯乘数与加速原理进行整合的问题，萨缪尔森出色地回答了这个问题。

我们知道，在化学动力学中耦合二重自催化反应就可以得到周期结构。而凯恩斯乘数和加速数无疑都各自描述了一个自催化过程。乘数原理说明投资增加引起收入的倍增效应，而加速原理则说明收入或消费变动与投资变动之间的加速效应，都包含了正向反馈环。它们的耦合必然产生周期运动。正如 R. G. D. 艾伦说的那样：

> "所确定的重要情况是，乘数—加速数体系天生是振荡体系。对经济周期理论来说，仅仅知道自发支出的振荡造成收入和产量的振荡是不够的。还需要有加速数。正是所需的加速数，产生一种结构振荡，也就是'激发'乘数引起的阻尼振荡，使之成为围绕均衡状态的振荡。"[①]

汉森—萨缪尔森模型引入了时滞，即投资与消费依赖于上一期的收入，它是一个差分方程。其表达式为：

$$Y_t = bY_{t-1} + [\ I_0 + a\ (C_t - \overset{\circ}{C}_{t-1})\ ] \qquad (6.5)$$

式（6.5）中，Y_t 表示 t 期收入，Y_{t-1} 表示 t 前期收入，I_0 表示自发投资，C 表示消费；a 表示加速数，$a = I/\triangle Y$，b 表示边际消费倾向，$b = \triangle C/\triangle Y$。萨缪尔森用"因子分析"解析模型的结果，如图 6.3 所示。

图 6.3 中的 A 区表示稳定，但它的范围狭小，仅包括消费倾向 0～1；加速数为 0～0.75 之间的长方形中位于曲线上方的部分。B 区表示振幅减

① R. G. D. 艾伦. 数理经济学：上册 [M]. 吴易风，刘天芬，译. 北京：商务印书馆，1988：103 - 104.

弱的周期。C 区是爆炸性周期。D 区则是极端性增长。显然，汉森—萨缪尔森模型的结论对经济本征周期具有极强的描述和解释能力。

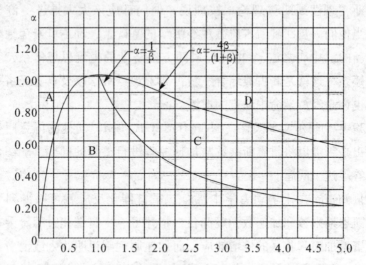

图 6.3　萨缪尔森对乘数与加速数模拟的因子分析①

当然，我还是希望用非线性动力学工具来考察资本主义经济的本征波动。对由乘数—加速数决定的经济增长过程，可表示为一个更简洁的表达式：

$$C + I \underset{a}{\overset{k}{\rightleftharpoons}} Y \tag{6.6}$$

式（6.6）中，a 表示加速数，$a = \dfrac{I}{dY}$，k 表示凯恩斯乘数，$k = \dfrac{1}{1-c}$（c 为边际消费倾向）。由此，可用三个连续的微分方程来分别描述 C、I、Y 随时间演化的动态规律。我们的主要目的是考察本征波动的理论模型，而不是详尽地描述经济增长过程，或者用于预测。因此，我们不在这里求解方程。

我们知道，这个增长过程可以用一组一阶非线性微分方程来描述，其中函数 f{C、I、Y} 包含非线性项。而且还可以考虑加入一组包含基本变量初始值，以及货币数量的控制参数来研究。由于非线性方程的解的多样性，它应该比汉森—萨缪尔森模型具有更强的描述能力，从而把经济波动

---

① 拉斯·特维德. 逃不开的经济周期 [M]. 董裕平，译. 北京：中信出版社，2008：120.

的各种形态作为一个特例包含其中。

特别地，这个系统在控制参量的一定阈值可能出现混沌行为，即经济增长高度无序和不规则状态，如非周期波动以及突发的巨涨落等。如此看来，即使我们像式（6.6）那样，把基本宏观经济变量表示为一个简单的确定性过程，资本主义经济系统仍然不可避免地导致混沌行为，这个内在的随机性完全来自一个确定性系统。

不仅如此，这个系统还表明，这些基本宏观经济变量随着时间的增长，其结果高度敏感地依赖于初始条件，洛伦兹称之为"蝴蝶效应"。也就是说，经济变量初始值的微小偏差随时间的增长会以指数速度扩大，成为宏观巨涨落，从而使增长过程发生根本性的改变。因此，经济增长具有不可重复的时间路径。实际上，我们不可能预测经济系统的长期行为，本征波动会不可避免地表现出突发性和奇异性。这就是为什么在经历了产业革命以来数十次从繁荣到萧条的危机后，甚至在经历了 20 世纪 30 年代的经济大萧条后，当金融风暴在 2008 年秋天不期而至时，人们仍然会感到惊慌、错愕的原因。

当然，结论并不是悲观的无所作为，混沌学的最新发展表明，我们的确可以从混沌信号中发现规律性和宏观涨落。洛伦兹在他对湍流的研究中发现了隐藏在无序的数据中良好的结构。我们在第五章讨论股市价格的逻辑斯蒂方程时，也充分地运用了这些"良好的结构"。它同样会帮助我们对经济周期的短期预测，或者正如盖伊·劳思（Guy Routh）说的那样，"周期在它自己的道路上继续前进，混沌的种子在有序的外表下沉睡"。

我们希望能取得这样一些共识：

（1）由于非线性方程解的多元性，国民收入增长动态模式呈现出稳定的增长；周期或非周期波动；大起大落都是可能的，关键是货币数量和流动速度表征的控制参数的变化，而货币扩张和通货膨胀是现代经济的历史趋势。

（2）在耦合乘数—加速数的前提下，即使消费、投资和收入以一种简单的、确定性的方式相互作用，都可能出现确定性混沌这种高度不稳定的状态。而乘数—加速数的联合效应是由当代金融资本主义的本性决定的。因此，任何存在法定货币体系和高度成熟的金融系统的市场经济体中，不稳定性是普遍的。

（3）由于国民收入随时间演进的动态模式对经济变量初始值和控制参数敏感依赖，一些微小的扰动会带来结果根本性的改变。因此，不可能对经济做出长期预测，但短期预测是可能的，特别是在危机前的临界状态。总的说来，将来是未决的。

（4）迄今为止，还没有一种制度安排可以一劳永逸地解决经济的稳定增长问题。因此，这种从繁荣到萧条的危机和结构改革是一种建设性的因素和预警机制。或者如熊彼特在 1939 年说的那样，"周期并不像扁桃体那样，是可以单独摘除的东西，而是像心跳 一样，是有机体的核心"①。

我们前面的所有讨论都表明，这种普遍的不稳定性来自现代经济生活深层次的本原性的货币—市场结构，它同法定货币制度密切相关。同时，我们知道国家资本主义也绝非灵丹妙药，它和"华盛顿共识"主张的国际资本主义一样，同样受制于这种现代经济普遍的不稳定性和不可预测性。

---

① 拉斯·特维德. 逃不开的经济周期 [M]. 董裕平，译. 北京：中信出版社，2008：292.

> "新的科学理论不是靠通过说服反对者而获胜，它的最后胜利是由于反对者们终于死去而赞同它的年轻一代成长了起来。"
>
> ——马克斯·普朗克

第七章 经济学的革命

如果说这次危机是"创造性的破坏"，那么首先就是经济学的革命已经不可避免，其标志将是新古典微观经济学范式的转换。

一 新古典主义专制

2008 年秋天震撼全球的金融风暴当然还远没有尘埃落定。不过，世界末日并没有到来，甚至最有声望的经济学家们预言的"市场原教旨主义的终结"也没有到来，而公众对寄生性金融家们的贪婪的冲天怒火似乎也正烟消云散。只有对西方主流经济学的批判和对正统经济学家的调侃正在成为一种时尚，一切都被归结为经济学理论的"原罪"。如法国人类学家和社会学家保罗·若里翁在一次专访里所说，"我觉得真正责任在于经济学的失败。经济学家没有能够提出问题并提供工具。政治家们善意地向经济学家进行咨询，但他们找到的人只是重弹那些让世界陷入危机的老调。"

政治家们要承担的责任也只是因为他们信奉了这种错误的经济学理论，正是主流经济学思想把"撒切尔—里根革命"时期实行的市场原教旨主义推向荒唐的极端，并支持布什政府的政策性失误，特别是财政部长亨利·保尔森的"自信和自负"。阿纳托莱·卡列茨基（Anatole Kaletsky）认为这才是导致这次金融灾难的最直接的原因，"很多错误都可归咎于经济学理论与政治观念之间的恶性互动"。其实，正是现代金融资本主义普遍的不稳定性导致频繁的金融危机和经济周期，它来自货币—市场结构的深层本原，它不是任何一种理论可以避免的。但是，毫无疑问它导致主流经济学的危机和新古典主义经济学的范式转换。

2008 年世界金融风暴的结局还远不是确定的，但是经济学的革命则肯定不可避免。自"凯恩斯革命"以来，对新古典主义经济学的怀疑和批判从未停息，但新古典主义作为主流经济学基础范式的地位也从来没有被动摇过，虽历经危机它总是遇难成祥。其根本原因在于迄今为止还没有一个可以取代它的新经济学范式。主流经济学家们无法预言金融危机的爆发，而叛逆的经济学家们无法预言新古典主义何时终结。主流经济学的范式转换注定是一个艰难曲折的历程。

从 19 世纪 70 年代的"边际革命"到 1890 年马歇尔的《经济学原理》出版，新古典主义思潮逐渐形成一个统一完整的理论体系，这就是新古典主义经济学。在这个理论体系中，经济系统的微观结构被描述为：理性的经济人具有完全的信息和知识去采取理性的行为，从而实现效用和利润的最大化，并面对一个可以结清的市场——在这里供给和需求之间达到一种均衡。同时，在受到来自系统外部的冲击后，会自动调节并再次回归均衡。在这个基础上新古典主义演绎出它的全部分析工具，这些数学模型平滑稳定，而且外延清晰，部分与整体一致。从此，经济学似乎可以和物理学、化学一样，成为一门严密的实证科学，经济学家们可以高枕无忧了，剩下的事情只是运用这些原理去研究实际的经济问题而已，至于经济学研究的客体被严重扭曲这一基本事实反倒无人问津。

20 世纪 30 年代的经济大萧条和伴随而至的金融市场危机、银行破产以及严重失业酝酿了凯恩斯革命，这是对新古典主义经济学的一次颠覆性的冲击。凯恩斯把有效需求波动"适当地描述为货币现象"的理论纲领强调的资本主义经济普遍的不稳定性，以及货币金融在经济分析中的核心地位，同均衡和"货币中性"的新古典主义信条势不两立。而新古典主义信条对经济大萧条时期的经济现状束手无策，也不能做出恰当的经济学分析。第二次世界大战后随着国家对经济干预的加强，凯恩斯主义经济学逐渐成为西方经济学的主流。但是，凯恩斯卓越的宏观经济思想并没有建立起经济学新的科学规范，他在很大程度上仍然沿袭新古典主义微观经济学的"供给和需求之间相互作用"的分析方法。因此，凯恩斯革命注定是一次"中庸"的不彻底的革命。它集中表现为后凯恩斯主义的新古典综合，即把凯恩斯的宏观经济分析"嫁接"到新古典主义微观经济学基础上。这样，凯恩斯革命的成果就是两种针锋相对的经济学研究路线折衷融合在一起，并成为经济学的主流思想体系。

到 20 世纪 70 年代，随着布雷顿森林体系的离析，发达国家普遍的信贷扩张和爆炸式的财政赤字形成强大的通货膨胀压力，面对严重的滞胀和大量失业，主流经济学又开始风雨飘摇，但这次是轮到现代凯恩斯主义，如同 20 世纪 30 年代经济大萧条时期新古典主义面临的同样的陷阱，不过挑战首先来自货币主义"反革命"。货币主义的胜利是短暂的，在"理性预期"的几次"政变"后，连新凯恩斯主义也"投靠"了新古典主义，新古典宏观经济学很快独占了革命成果。凯恩斯革命只是让新古典主义经济学虚惊一场，现在它又全面复辟。这得益于经济学对新古典主义微观经济学范式的依赖和眷恋，以至于像卢卡斯的理性预期和持续的市场出清这样的强瓦尔拉斯命题又轻而易举地取得胜利。现在不仅微观基础，而且宏观理论也新古典主义化了。新古典宏观经济学的研究方法受到主流经济学家的推崇，最优化微观基础和理性预期成为当代宏观经济学的标准范式。这是经济学理论从凯恩斯主义的大倒退，从而主流经济学会遇到严重的危机，并面临新的革命就是意料中的事情。

新古典主义的复辟在"撒切尔—里根革命"和市场原教旨主义的推动下，迅速地把它的胜利推进到华尔街，这是一次影响深远、后果严重的进军，它导致新古典金融理论的形成和发展。理性资产定价模型和"有效市场假说"相互印证相互支持奠定了新古典金融的理论基础，并成为过度繁荣的投资和风险管理市场中金融创新的智慧源泉。经济学理论也许还从来没有对实际经济活动产生过如此强大而广泛的影响。

新古典金融经济学已经成为资本市场全球性的标准，被机构投资者、养老基金、对冲基金、投资顾问和交易者奉为圭臬。不仅如此，许多领军人物都直接参与商业化运作，经营投资咨询公司、基金公司或者投资组合管理公司等，以证实理论的商业价值。瑞典皇家科学院伯蒂尔纳斯兰德教授在默顿和斯科尔斯获奖的致辞中指出，现在每天有成千上万的交易者在市场交易中使用这些华尔街理论，"正是这种方法导致新金融产品和市场产生了爆炸性的增长"。伯恩斯坦则认为，莫迪利亚尼和米勒关于股票市场是公司能否赚取其资本成本的决定性因素的观点，"成为 20 世纪末股市大泡沫的学术驱动力，也是随之而来的公司会计丑闻的根源"①。总之，新古典主义金融必须对华尔街的理论与实践，贪婪和疯狂承担责任。

20 世纪 80 年代以来，随着弗里德曼第一号货币主义和卢卡斯的第二号货币主义的节节胜利，"理性预期"、资本资产定价理论和"有效市场假说"结合成强大的学术思潮，宣告新古典主义经济学的全面复辟和完胜。所有这一切都建立在它那个充分成熟的微观经济学基础上。由此，新古典主义作为主导意识形态统治了美国和西方正统经济学营垒，席卷了所有的投资和风险管理市场、各国中央银行、财政部、国际货币基金组织、世界银行等。这场浩浩荡荡的大进军的旗帜就是华盛顿共识。这些基于远离现实的模型所制定的国际经济政策，被当做经典信条向全球转型经济体和新

---

① 彼得·L.伯恩斯坦. 投资新革命［M］. 高小红，等，译. 北京：机械工业出版社，2008.

兴经济体渗透扩张，并从根本上引导它们的发展道路。

阿·卡列茨基在《资本主义4.0》一书中这样写道：

> "新古典主义几乎垄断了人们的经济思想，通过控制学术出版、人员任用以及财政资金，新古典主义压制一切异议。一个崇尚人类成功以竞争为基础的学派，竟然像比尔·盖茨和洛克菲勒一样无情地排挤其他与之竞争的经济思想，这真是莫大的讽刺。
>
> 并不是因为某种理论垄断了现代经济学，而是一种心态造成这种垄断，这种特殊的方法论使经济学家思考世界的角度单一化。新古典主义集虚假的谦虚和伪科学的自负于一身，新古典主义运动的核心信条不是某种理论和结论，而是两种假设——合理预期假设和有效市场假设。"①

因此，当2008年金融风暴再次袭来的时候，新古典主义经济学当然会成为众矢之的，并使主流经济学面临空前严重的危机。那么，这一次新古典主义会不会再次走运，只是有惊无险呢？或者说约瑟夫·施蒂格利茨关于"右翼经济学重整旗鼓再次威胁全球经济"的担忧会不会成为现实呢？在我看来，这一次新古典主义经济学面临的将不再是凯恩斯革命的"中庸之道"，而是经济学理论范式的根本性变革，同时也是新古典主义首先就是它的基础——微观经济学范式的终结。也许是时候了，该把爷爷奶奶儿时的玩具放进阁楼了，虽然它总是带给我们亲切的回忆，但它早已不合时宜。明斯基期待的那个"能够推翻古典理论的智者"也许会带领经济学走出新古典主义的荒漠。

二 从微观到宏观

首先需要彻底变革的传统理念就是经济学微观个体的可加性。"边际革命"确立的新古典微观经济学的基础结构是关于单个家庭和厂商行为的理论。那么，我们是否可以用简单加总的方法形成宏观经济分析的基础，而不会对我们研究的客体产生实质性的影响呢？这个加总困难一直困扰着

---

① 阿纳托莱·卡列茨基. 资本主义4.0——一种新经济的诞生 [M]. 胡晓姣，等，译. 北京: 中信出版社，2011: 129-130.

主流经济学。

20 世纪初，马歇尔试图把微观经济学和宏观经济学结合起来，不过他自己也不认为获得了成功。因为理性经济人假设的原则性限制，在这个微观基础上不可能建立恰当的宏观经济理论。凯恩斯非常清楚地看到了这个原则性的限制，因此，他选择了纯粹宏观经济体系。由此，经济学才明显地分裂为微观经济学和宏观经济学。但对于经济学的革命而言，"可以相当肯定地说，下一种经济学将不会享有在微观经济学与宏观经济学之间进行挑选的乐趣，它势必要完成马歇尔试图做而没有做成功的事业：将两者结合起来"①。

关于凯恩斯的理论路线，劳伦斯·克莱因在《凯恩斯的革命》一书中做了非常精彩的论述。他指出，凯恩斯经济学的中心问题和整个体系的运行相关，是决定总量水平的理论，而大多数经济学理论仅涉及单个家庭和厂商行为。"凯恩斯学派从未充分考虑过从以个人和单一商品为基础的基本理论中引申出一个以个人社会及商品群为根据的理论。"②

宏观经济的加总困难不仅仅来自于技术上或操作上的问题，如瓦尔拉斯一般均衡涉及体系内每一种商品的需求与供给关系，这需要处理上百万、千万的未知数和方程式。或者说涉及效用函数或满足程度的客观准确衡量和比较的问题，而且它们本身就不可能相加。显然，苹果的效用和梨的效用是无法相加的。因此，必须求出消费品单一的需求关系然后加总，但这首先就涉及货币和价格问题，从根本上说这完全是一个宏观经济问题。譬如凯恩斯的"有效需求波动"只能来自宏观经济系统的相互关联和相互作用，而不是微观客体简单加总的结果。也就是说，资源配置、收入、产出和价格是同时在全部市场的宏观层次决定的。

正因为如此，所以我们在本书的第一章"经济学推理的起点"中就指出，经济学必须放弃十八九世纪经典科学的还原论，市场不应被简化为商品或经济人之和，这个线性组合构成的理论基础不能同金融资本主义普遍的不稳定性和经济周期相容。同时，宏观经济系统和微观个体服从完全不同的定律，我们从微观经济行为不可能逻辑地导出宏观经济理论。正统经

---

① 丹尼尔·贝尔，欧文·克利斯托尔. 经济理论的危机 [M]. 陈彪如，等，译. 上海：上海译文出版社，1985：25.

② 克莱因. 凯恩斯的革命 [M]. 薛蕃康，译. 北京：商务印书馆，1980：60.

济学是研究市场的科学，它的核心问题是关于货币和价格的理论，它只能在宏观经济的层次被决定。研究单一消费者和厂商行为的学科属于心理学、行为科学和管理学范畴，它不是经济学的研究对象。

例如，在股票市场个人的交易行为对市场的影响是随机不可预测的，只表现为无数微观涨落。而市场行情规律的可识别性则完全是宏观的结果，或者是群体的集合行为。比方如果我们观察电视屏幕点阵上某一点的色彩和亮度的动态，它肯定是杂乱无章的，我们没有丝毫可能根据这种观测结果来判断屏幕的图像。但就整个屏幕图像来说则是清晰无误的，我们甚至可以根据情节去预言屏幕上的某一点可能出现的色彩和亮度。这种现象在气体、液体分子或者生物群体的大系统中普遍存在，如贝纳德花纹、激光、"化学钟"、足球赛看台上的人浪等。

特别在这些复杂大系统的临界状态，非线性条件可能形成长程关联。也就是说，微观子系统之间可能出现宏观范围的相互作用和通信，微观事件在整个系统中得到反响。这一点对于当代经济学宏观理论是很有吸引力的，正是因为这个原因可以使我们对微观和宏观之间的复杂相互作用给出一个更加精确的表述，去探索个体之间行为的协和性以及宏观系统的自组织，从而更透彻地去阐明进化和秩序。但这不是通过更精细地去穷究微观个体的还原论达到的，而是通过宏观范围的关联和相互作用实现的。正因为如此，我们不是把单一经济人或商品，而是把交换作为经济学推理的起点，并建立关于市场微观结构的理论，也就是说相互作用的系统性观念一开始就必须进入经济学理论的核心。

最后，另一个重要的因素是我们认定金融—市场经济是非线性系统，在我的理论体系中描述货币扩张和通货膨胀；经济增长和周期；资产定价和股市价格动态这些重要的宏观经济运动的方程都应该是非线性的。但是，对非线性系统的相互作用简单求和不可能得出正确的结论，这是非线性系统的本质特征。广义地说只有线性系统才是可以叠加的。

不仅如此，由于在远离平衡态的非线性系统中，混乱无序的微观个体行为会表现出宏观尺度的相干性和协同性，或者表现为时间、空间或结构的有序状态。而这些动态模式的转化仅仅取决于宏观系统不多的几个参数，从而使复杂大系统简化和结构化，这就为描述宏观系统提供更广阔的可能性。详尽描述微观个体的困难不仅来自微观客体的大数量级，而且对这些个体的观测存在着"测不准原理"的原则性限制，如它可能来自经济人的非理性、本能或随机性，因为经济人对他在宏观系统的存在是有意识的，他"既是观众又是演员"。

但是，就宏观体系的统计规律而言，我们对体系概率分布的知识则是普适的，它同体系的微观组成无关，它可以是气体、液体分子系统，可以是蜂群、蚁群或者经济人的集合，对它的描述完全是宏观的，对单独的个体毫无意义，甚至可能出现一些完全意外的行为。比方我们在前面曾经提到的股市"集体歇斯底里"的合成谬误，所有个体的最优选择恰恰导致事与愿违的宏观结局。因此，我们不可能也不必要详尽地追究单个经济人的行为，描述这些宏观经济系统的非线性方程的动态是由少数几个状态参数决定的，譬如对宏观经济系统产生全局性决定作用的参数是由货币状态决定的。

归根结底，问题不是萨缪尔森说的那样，如果没有货币就不需要宏观经济学，而是因为有货币所以不需要微观经济学。新古典主义微观经济学在经济人行为最优化的基础上加总构成宏观经济的理论纲领是一条完全错误的路线。

由于交换使产品转化为商品，私人劳动转化为社会劳动，而商品和货币的对立决定了货币只能是纯粹的宏观经济现象。因此，经济学一开始就是宏观的，经济人纯粹个体的行为对经济学而言毫无意义，正如描述荒岛上的鲁滨逊不需要经济学一样。新古典主义建立的与宏观经济理论分立的微观经济学是理论上的累赘。

对一种我们可以想象到的新经济学，肯定"将不会享有在微观经济学和宏观经济学之间进行挑选的乐趣"，必须把两者有机地统一起来，新经济学不能再容忍微观经济学和宏观经济学的割裂。我们需要的仅仅是关于市场结构的微观基础。

三 经济学：范式转换

市场结构的微观基础是经济人的交易活动，也是经济学推理的逻辑起点。然而，交易者之间只能通过价格来相互通信和交流信息，正如哈耶克曾经强调的那样，价格制度的基本功能是简要地、高效地并且低费用地传递信息。弗里德曼则在《价格理论》一书中非常明确地指出，"企业和货币的引入并没有改变市场体系的基本原则，但由此产生的复杂性成为价格理论以及货币理论研究的重要课题"。正是价格理论构成新古典微观经济学的核心。需求和供给两方面因素共同决定商品的均衡价格，这也是瓦尔拉斯体系的全部内容。两条平滑曲线的唯一交点决定的均衡价格成了正统经济学范式的经典标志。也正是这个理论体系使经济学享有社会科学皇冠的至尊地位。

从马歇尔的边际效用递减规律和生产要素的"有利边际"推论得到的需求—供给价格曲线，成为整个经济学推理的基础公设，并决定了自由市场经济的本质特征：理性的经济人具有完全的信息和能力去实现效用和利润的最大化。并形成一个供给和需求达到均衡的市场。同时，在一次来自系统外的随机冲击后，市场总会重新回到均衡。

凯恩斯革命后，特别是进入新世纪以来许多经济学家都对主流经济学的基础范式——新古典主义微观经济学提出怀疑和批判。我在《经济系统的自组织理论》一书和本书中也坚持不懈地致力于批判这个来自还原论和机械决定论、来自牛顿经典力学理论纲领的经济学范式。但是，对于经济学革命而言，具有根本重要性的是经济学范式的转换。托马斯·库恩在《科学革命的结构》一书中写道：

> "从一种在危机中的规范过渡到一种新的规范，因此而能出现常规科学的一种新传统，远不是一个积累的过程，不是靠老规范的分析和推广而达到的。不如说它是这领域按新原理的一种重建，是一种改变这领域的某些最基本理论的推广，以及它的许多规范方法和应用上的重建。"①

库恩强调的正是这种常规科学的"范式转换"（Paradigm shift），抛弃旧范式和接受新范式差不多是同时决定的。或者如波普尔说的那样，科学"是通过一种破坏、变革和改变整个事物的方法来成长壮大"。

新古典主义微观经济学基础范式违背经验事实的"理性经济人"假设，以及由此演绎出来的一系列限制性假设，直到新古典金融资本资产理

---

① T.S.库恩. 科学革命的结构 [M]. 李宝恒，等，译. 上海：上海科学技术出版社，1980：70.

性定价公式中未来预期收益分布的正态性质假定都不能令人满意，都是不稳健的。但是，这个缺陷对经济学理论的危机来说还不是致命的。关键是这个微观基础同金融资本主义普遍的不稳定性和经济周期完全不相容，因此这个概念体系不能透彻地解释那些正在频繁发生的事情，根据这些理论制定的经济政策也往往事与愿违、适得其反。由此看来，经济学的范式转换应该是迫在眉睫的当务之急，它无疑激发了西方经济学的危机。

20世纪70年代以来，西方经济学就憧憬着经济学的"先知"，也就是说寻找一个新的凯恩斯，"他的突如其来的洞察力将会发展出一个理论来解释今天所发生的事情"。但是，像摩西那样的先知能引导经济学走出新古典主义的荒漠吗？同时，危机又具有足够的破坏性去推进传统经济学的"范式转换"。而在2008年的全球金融风暴后，主流经济学理论的危机和革命的前景就变得更加清晰了，经济学必须经历一次根本性的变革和重建。

诚如迈伦·斯科尔斯所说，"要说某个理论过时了，你得有东西取代它，但到目前为止，我们没有新的范式来取代有效市场（理论）。"不过，首先我们是否已经准备取代它，我们是推动经济学范式转换，还是拒绝接受范式转换。

我在本书力图从一种全新视角去重建市场微观结构和货币理论的基础，一方面是希望给金融脆弱性和资本主义经济普遍的不稳定性一个本原性的解释；另一方面则是希望由此推进新古典主义微观经济学范式的转换。没有任何奢望，一切仅仅是开始。

同时，新经济学范式的参照系仍然来自现代自然科学的那些革命性的进展和创造性思维，特别是非线性动力学的模型和方法论。因此，我们可以"站在巨人的肩上"。在写作《经济系统的自组织理论》一书时，我们还停留在市场经济系统与物理—化学体系自组织性能的类比阶段。我们发现，这个自组织过程产生的演化、宏观秩序和远离平衡的对称破缺可能对经济系统的复杂性，如货币的传递机制和功能以及经济周期现象等产生一种典范的作用，这些非线性方程可能适于描述我们所关注的经济现象。

有意思的是，1989年是一个奇迹之年，对货币经济史尤其是这样。特别是1989年4月欧洲各国政府决定创造新的合成货币——欧元。同时，人们对美元、德国马克和日元信心百倍，日经股票指数在12月31日达到峰值，收于 39 000 点！各国政府和中央银行对管理好纯法定货币踌躇满志。但是，我在《经济系统自组织理论》一书中指出，货币形式的对称破缺"正以一种复杂的方式和惊人的规模导致宏观经济过程的不稳定性"。因此，我们得出了完全相反的判断：易变性鼓励了冒险和投机，而疯狂的投机又反过来变本加厉地助长了不稳定性。货币与债务以多元形式急剧膨胀，现在没有一家中央银行确实知道或真正懂得货币供应量是由什么构成的。国际金融体系将频繁地发生危机。"缓慢增长与疯狂投机连锁的经济怪圈，已经带来像债务危机和'黑色星期一'这样的金融灾变，这个'潘多拉匣子'还会放出些什么呢"？如果真是这个不可逆过程最终引发了2008 年的金融危机，那么远离平衡的非线性系统产生不稳定性，并导致分支和对称破缺的理论无疑将为我们分析复杂金融体系提供锐利的武器。

情随事迁，到 2008 年多事之秋后开始撰写《危机后的经济学》一书时，我发现在经济分析的许多方面我们已经超越隐喻和简单类比阶段。非线性动力学模型和科学规范在许多细节上都可以和金融资本主义体系自洽，也就是说，这些动力学特征具有普适性。例如，在股市价格的逻辑斯蒂方程中，在适当选择变量和参数后，标准型动力学特征可以同资本市场体系的过程和机制相关联。即使模型要求施加的限制性约束，如价格的正值性和货币数量扩张的不可逆过程等都顺理成章，它不过是经验事实的陈述，并可用序参量来描述，时间度标也是适当的，无需任何特别的假设。

总之，我们似乎正处在人天同构的伟大统一中，支配人类社会的宏观规律和自然定律之间并不存在不可逾越的鸿沟，演化和秩序也不再乞灵于那个抗拒热力学第二定律和测不准原理的"麦克斯韦小妖"。不过，一旦我们把非线性动力学科学规范作为参照系，新古典主义微观经济学范式就必须接受翻天覆地的变革。

四 经济学的新思维

一个多世纪以来，新古典主义经济学一直统治着主流经济学和经济学院系，并传授给一代又一代的经济学家和商界领袖。它已经过多地承担了它的历史使命，同时也表明经济学的范式转换比自然科学学科要缓慢和困难得多，此间物理学经历了至少三次重大的科学革命，而经济学只有一次流产的"凯恩斯革命"。

而且，从20世纪30年代以来，我们就已经知道这个理论基础以及它能使用的平滑线性的数学模型，甚至作为一种意识形态都同现代资本主义金融的不稳定性，同经济周期格格不入。而在新古典金融经济学的资产定价理论中，所有和这个理论范式相冲突的经验事实都被归结为"市场异象"，排除在"有效市场"体系之外，以躲避"否证"的威胁。然而，正是这个存在根本缺陷的理论基础在人类如此重要的历史时期，为我们回答一个又一个严重而深刻的经济问题并去制定经济政策。这的确是一件不可思议的事情。

但是，2008年震撼全球的金融危机则表明新古典主义经济学终结的历史命运，经济学的现状不能再延续下去了，否则对人类和经济学都可能是一场灾难。

如果经济学摒弃经典力学，而把非线性动力学作为建立理论的参照系，那么经济学的基础范式就需要革新和重建。我在本书前面的章节已经分别讨论了这些深刻而重大的问题，我们可以把它归结为如下四个基本陈述：

（一）市场微观结构

市场机制是迄今为止人类社会可能利用的最有效地实现资源配置和充分社会目标的体制。市场机制通过人与人之间自由和自主的交易活动实现。交易人之间的信息必须借助价格（交换比例）来传递。正是市场交易人之间大数量级的自主交换行为交织的网络构成市场的微观结构，这是一个复杂大系统。重要的是交易人在一系列约束下自主地选择和试错，这些约束可能来自稀缺性，或其他文化的、心理的，甚至是情感的价值判断。因此，这种自由的选择并不是决定论性的，而是随机的。这个简单物物交换构成的网络也正是瓦尔拉斯体系和他的静态联立方程组力图去描述的结构。不过，我们的方法却同新古典主义微观经济学根本对立。

在我的市场微观结构理论中，完全没有必要定义"价值"概念，并不存在一个统一的和可以通约的度标，因为每一个交易者都在经验地、内省地体验和使用这一概念。也无需假定交易双方是"理性的"，他们之间的关系是合作、竞争或者博弈都无关紧要，对市场而言，重要的仅仅是成交还是失败的"二值逻辑"。

这个经济学科学范式的分庭抗礼其结局也泾渭分明。瓦尔拉斯的"乡村经济"体系不可避免地遭遇"齐次性"问题并排斥货币的引入。而我们的市场微观结构则自组织地导出货币的起源，导出市场在远离平衡态约束下价格随时间演化的动态模式。

（二）货币理论的微观基础

物物交换作为简单商品交换形式不可避免地包含罗素—怀特海悖论（"理发师悖论"），也就是说物物交换的扩大的价值形式（用商品系列来表征某一商品的"相对价值"）必然包含自相关陈述，即自我定义的逻辑悖论。克服扩大价值形式逻辑悖论的必然性导致货币的起源，导致货币和商品的对立。这一方面形成物物交换对称性在时间和空间上的破缺；另一方面形成金融脆弱性的货币本原和经济危机的简单可能性。简单商品价值形式不断排除悖论而演进到货币形式的过程是对货币发展史内部联系的逻辑研究，它不过是生产者之间的社会经济关系漫长发展史的一个抽象。货币和商品对立的思想是马克思首先提出的。

（三）价格决定过程的统计描述

经济分析基本的核心问题是产出和价格是如何相互决定的。新古典主义微观经济学对这个问题的经典回答就是那个人所共知的供给价格曲线和需求价格曲线的唯一交点，它由瓦尔拉斯均衡体系来详尽地描述。但是，我们的市场微观结构的基本范式决定了我们的回答与新古典主义经济学完全不同。

既然价格形式是一个随机过程，我们对均衡价格的定义就不可能是唯一决定的价格，而只能做出概率的统计描述。首先考察不存在相干性的市场，即交易人之间不存在相互作用影响，不会因此而改变选择，它们完全独立自主地随机选择成交还是不成交。因此，每一次交易只有两种可能性，成功或者失败。无疑，对均衡价格的定义只能是成交和不成交的概率相等（都是 $1/2$）时的价格。显然均衡价格成交次数的概率分布服从二项分布。对于大数量级的交易系统可以用正态分布近似地描述。

因此，在交易人完全独立的市场系统，市场是一个非稳定性的涨落系统。仅仅在均衡价格的条件下，价格概率分布才具有正态性质。也就是说，仅仅在这个严格的条件下，"有效市场假说"才成立。

但是，真实的市场不会是独立的，它必然存在交易人之间的相互作用，市场环境也必然会发生变化，有时甚至是重大的变化，这些市场约束条件短暂或持续的作用形成市场系统的非平衡状态。这时，市场将不再保持细致平衡，而变得不稳定，对均衡价格的偏离会被系统放大，形成市场价格的跃迁。价格跃迁过程是马尔可夫过程，我们描述市场非平衡约束下价格非线性随机动态将有更多的自由，因为它考虑了价格分布的非正态性质。

（四）非线性经济学革命

正如爱因斯坦所说，"真正的定律不可能是线性的"。对经济学革命而言，必须摒弃新古典主义经济学的线性特征，诸如市场体系的线性相互作用、微观个体的可加性、货币的单向线性传递机制等，正是这种线性特征同危机和衰退格格不入。萨缪尔森在他的乘数—加速数周期模型中揭了一下非线性领域的"盖子"。不过，他没有把革命进行到底，在新经济学中，描述市场—金融系统的方程必然是非线性的，如股市价格的逻辑斯蒂方程。同时，我们用非线性动力学模型更简洁地表述乘数—加速数周期模型，并得到更加丰富和精确的解。

由于非线性方程的多重解具有极强的描述功能，它必然把均衡价格、投机性泡沫、金融危机、经济周期等作为一个特例包含在统一的普适的模型中。特别地，在非线性方程中，货币将作为序参量发挥全局性的关键作用，并决定其他经济变量的运行模式。同时，由于经济变量对非线性方程参数和初始值敏感依赖，因此，金融资本主义体系不可避免地具有普遍的不稳定性。

非线性动态经济系统会表现"决定性混沌"，它们在长期是不可预测的。在序参量的一定阈值，体系的巨涨落过程（暴涨—暴跌模式）或者决定性混沌的出现会表现突发性和奇异性。我们知道金融危机一定会到来，但金融危机的出现又总是使我们感到意外，因为它常常是在大多数人认为它不该发生的时刻出现。

同时，混沌又向我们揭示出一个形态和结构的崭新世界，在无序的混乱的状态中可以发现一些有序的优美形式。而这些形式的出现同体系的外部控制量的变化密切相关，这无疑会增强我们的短期预测能力，特别在远离平衡系统的临界状态。因此，对于存在发达金融体系的市场经济体危机是不可避免的，稳定的有规则的经典运动倒是一种特例。但是，危机的破坏性又孕育着建设性的因素和新结构的产生。

我希望在这个微观基础上能发展出统一而透彻的宏观经济理论，诸如关于货币非线性扩张过程和通货膨胀的理论；金融不稳定性理论；经济增长和周期理论。

这些关于经济学的新的思考仅仅是一个起点，尚未解决的问题远比已经解决的问题多得多。特别是许多问题的数学处理还非常粗糙，也远没有得到经验事实和数据的检验。显然，这些不适合由一个垂暮的长者来完成。

本书是一项基础研究，我们的目的是描述经济体演化动态过程的内在机制，而不是如何运作的问题，在金融危机和经济周期的本原性研究中已经包含了改革的思路，这是见仁见智的事情。同时，问题也不是在自由放任和政府干预之间做非此即彼的选择，重要的是各国政府和货币当局首先必须管理好法定货币（不可兑换的纸币），中央银行的货币存款负债是比成员银行的存款负债更好的货币，政府发行优于私人发行似乎是天经地义的，但不可能简单地回到黄金本位。而这也差不多就是一句废话。我想起弗里德曼的一个巧妙的比喻：如果你告诉中央银行，通货膨胀的治理很简单，就是控制货币数量，这就好像你对一个吸毒的人说你的问题很好办，就是戒毒。但我要强调的是货币扩张过程的非线性特征，由此货币创造的速率推动的价格变化动态是高度不稳定的，把通货膨胀作为税收形式的货币政策将导致灾难性的结果，而既得利益权贵又总是对这个错误的货币政策推波助澜。

这也使我联想到人类面临的另一个灾难，那就是全球淡水资源的匮乏和气候变暖，对这个问题的严重性和紧迫性的认识已无须智商，解决的方案也很明确，我们所剩的时日已经不多了。但是，为什么那些政治家们仍然可以对此置若罔闻，仍然可以在哥本哈根会议和坎昆会议上就减排问题不负责任地讨价还价浪费时日呢？难道各个国家的民族利益真的比人类文明存亡更重要？我们的"诺亚方舟"在哪里？

参考文献

1. 亚里士多德. 物理学［M］. 张竹明，译. 北京：商务印书馆，1982.

2. 牛顿. 自然哲学之数学原理［M］. 赵振江，译. 北京：商务印书馆，1957.

3. G.尼科里斯，I.普利高津. 探索复杂性［M］. 罗久里，陈奎宁，译. 成都：四川出版集团，四川教育出版社，2010.

4. H.哈肯. 协同学［M］. 凌复华，译. 上海：译文出版社，2005.

5. 库尔特·多普弗. 经济学的演化基础［M］. 锁凌燕，译. 北京：北京大学出版社，2011.

6. 迈克尔·曾伯格，拉尔·兰姆拉坦. 经济学新前沿［M］. 李涛，等，译. 北京：中国人民大学出版社，2009.

7. 约翰·梅纳德·凯恩斯. 货币论［M］. 刘志军，译. 西安：陕西师范大学出版社，2008.

8. 米尔顿·弗里德曼. 价格理论［M］. 蔡继明，苏俊霞，译. 北京：华夏出版社，2011.

9. 布坎南. 自由、市场和国家［M］. 吴良健，译. 北京：北京经济学院出版社，1988.

10. 迈克尔·卡特，罗德尼·麦道克. 理性预期［M］. 杨鲁军，虞虹，译. 上海：格致出版社，上海人民出版社，2011.

11. 爱因斯坦. 爱因斯坦文集：1卷［M］. 北京：商务印书馆，1977.

12. 玻姆. 量子理论［M］. 侯德彭，译. 北京：商务印书馆，1982.

13. 亚当·斯密. 国民财富的性质和原因的研究［M］. 郭大力，王亚南，译. 北京：商务印书馆，1972.

14. 马克思.《政治经济学批判》导言 ［M］//马克思恩格斯选集：2
卷. 北京：人民出版社，1972.

15. 米尔顿·弗里德曼. 实证经济学的方法论 ［M］//弗里德曼的主
要著作. 斯坦福：胡佛出版社，1987.

16. A. 哈耶克. 个人主义与经济秩序 ［M］. 邓正来，译. 北京：三
联书店，2003.

17. 保罗·奥默罗德. 蝴蝶效应经济学 ［M］. 李华夏，译. 北京：中
信出版社，2006.

18. 王宏昌. 诺贝尔经济学奖金获得者讲演集 ［M］. 北京：中国社会
科学出版社，1986.

19. 德布鲁. 价值理论及数理经济学的 20 篇论文 ［M］. 杨大勇，译.
北京：首都经济贸易大学出版社，2002.

20. 马克思，恩格斯. 马克思恩格斯全集：23 卷 ［M］. 北京：人民
出版社，1974.

21. 熊彼特. 经济分析史 ［M］. 伦敦：英国伦敦和昂温有限出版公
司，1982.

22. 希克斯. 价值与资本 ［M］. 薛蕃康，译. 北京：商务印书
馆，1982.

23. 米尔达尔. 货币均衡论 ［M］. 北京：商务印书馆，1982.

24. 默文·K. 刘易斯，保罗·D. 米曾. 货币经济学 ［M］. 勾东宁，
等，译. 北京：经济科学出版社，2008.

25. 布拉德利·希勒. 经济学基础 ［M］. 王福重，译. 北京：人民邮
电出版社，2004.

26. 张宇燕，高程. 美洲金银和西方世界的兴起 ［M］. 北京：中信出
版社，2004.

27. H. 哈肯. 信息与自组织 ［M］. 本书翻译组，译. 成都：四川出
版集团，四川教育出版社，2010.

28. M. 克莱因. 古今数学思想 ［M］. 张理京，张锦炎，译. 上海：
上海科学技术出版社，1979.

29. 约翰·梅纳德·凯恩斯. 就业、利息和货币通论 ［M］. 高鸿业，

译. 北京：商务印书馆，2009.

30. 林达尔. 货币和资本理论的研究［M］. 陈福生，陈振骅，译. 北京：商务印书馆，1963.

31. 保罗·海恩，等. 经济学的思维方式［M］. 马昕，陈宇，译. 北京：世界图书出版公司，2008.

32. 张世贤. 西方经济思想史［M］. 北京：经济管理出版社，2009.

33. 范立夫. 货币银行学［M］. 2 版. 北京：经济科学出版社，2009.

34. 恩格斯. 社会主义从空想到科学的发展［M］//马克思恩格斯选集：3 卷. 北京：人民出版社，1972.

35. Keith Cuthbertson，Dirk Nitzsehe. 数量金融经济学［M］. 2 版. 朱波，译. 成都：西南财经大学出版社，2008.

36. 萨缪尔森. 经济学［M］. 萧琛，等，译. 北京：商务印书馆，1980.

37. R. G. D. 艾伦. 数理经济学［M］. 上册. 吴易风，刘天芬，译. 北京：商务印书馆，1988.

38. 高山晟. 经济学中的分析方法［M］. 刘振亚，译. 北京：中国人民大学出版社，2001.

39. 彼得·L. 伯恩斯坦. 投资新革命［M］. 高小红，等，译. 北京：机械工业出版社，2008.

40. 乔治·索罗斯. 索罗斯带你走出金融危机［M］. 刘丽娜，綦相，译. 北京：机械工业出版社，2009.

41. 吴晓求. 证券投资学［M］. 北京：中国人民大学出版社，2009.

42. 李裕奇，等. 概率论与数理统计［M］. 北京：国防工业出版社，2009.

43. H. G. 舒斯特. 混沌学引论［M］. 朱鋐雄，林圭年，译. 成都：四川出版集团、四川教育出版社，2010.

44. 伊·普里戈金，伊·斯唐热. 从混沌到有序［M］. 曾庆宏，沈小峰，译. 上海：上海译文出版社，1987.

45. 理查德·H. 戴，等. 混沌经济学［M］. 傅琳，等，译. 上海：上海译文出版社，1996.

46. 彼得·赛瑞斯. 华尔街关系［M］. 杜瑞新，译. 北京：北京大学出版社，2007.

47. 李裕奇，等. 随机过程 [M]. 2 版. 北京：国防工业出版社，2008.

48. 海曼·P. 明斯基. 稳定不稳定的经济 [M]. 石宝峰，张慧卉，译. 北京：清华大学出版社，2010.

49. 米尔顿·弗里德曼，罗斯·弗里德曼. 自由选择 [M]. 张琦，译. 北京：机械工业出版社，2008.

50. 米尔顿·弗里德曼. 资本主义与自由 [M]. 张瑞玉，译. 北京：商务印书馆，2004.

51. 米契尔. 商业循环问题及其调整 [M]. 陈福生，陈振骅，译. 北京：商务印书馆，1962.

52. 西蒙·库兹涅茨. 各国的经济增长——总产值和生产结构 [M]. 常勋，等，译. 北京：商务印书馆，1985.

53. 莫·阿布拉莫维奇. 库兹涅茨周期的性质和意义 [J]. 商业周期文汇，1965.

54. 拉斯·特维德. 逃不开的经济周期 [M]. 董裕平，译. 北京：中信出版社，2008.

55. 高峦，刘忠燕. 资产证券化研究 [M]. 天津：天津大学出版社，2009.

56. 郑鸣. 金融脆弱性论 [M]. 北京：中国金融出版社，2007.

57. T. 丹齐克. 数　科学的语言 [M]. 苏仲湘，译. 北京：商务印书馆，1985.

58. 罗长青，李仁杰. 数学文化 [M]. 重庆：重庆大学出版社，2010.

59. 克莱因. 凯恩斯的革命 [M]. 薛蕃康，译. 北京：商务印书馆，1980.

60. 罗伯特·斯基德尔斯基. 重新发现凯恩斯 [M]. 秦一琼，译. 北京：机械工业出版社，2011.

61. 约翰·希克斯. 经济学展望 [M]. 余皖奇，译. 北京：商务印书馆，1986.

62. 雅尼斯·瓦鲁法克斯. 经济学的邀请 [M]. 赵洱景，译. 北京：

北京大学出版社，2008.

63．丹尼尔·贝尔，欧文·克利斯托尔．经济理论的危机［M］．陈彪如，等，译．上海：上海译文出版社，1985.

64．阿纳托莱·卡列茨基．资本主义4.0———种新经济的诞生［M］．胡晓姣，等，译．北京：中信出版社，2011.

65．戴维·欧瑞尔．经济和你想的不一样：经济学十大误解［M］．章爱民，译．北京：机械工业出版社，2011.

66．T.S.库恩．科学革命的结构［M］．李宝恒，等，译．上海：上海科学技术出版社，1980.

67．M.V.劳厄．物理学史［M］．范岱年，戴念祖，译．北京：商务印书馆，1978.

68．史蒂芬·霍金．时间简史［M］．许明贤，吴忠超，译．长沙：湖南科学技术出版社，2010.

69．史蒂芬·霍金，等．时空的未来［M］．李泳，译．长沙：湖南科学技术出版社，2009.

70．D.梅多斯．增长的极限［M］．于树生，译．北京：商务印书馆，1984.

71．汤因比．历史研究［M］．曹未风，等，译．上海：上海人民出版社，1966.